マドンナメイト文庫

素人告白スペシャル　旅先での熟女体験

素人投稿編集部

第一章 旅先で出会った美熟女との甘美な遊戯

キャンピングカーで全国の秘湯巡り 道の駅で遭遇した熟主婦と絶頂性交！ 新井寛太 自営業・五十歳……6

渓流釣りで訪れた旅館の美人女将…… 二人きりの露天風呂で青姦アクメ！ 光村誠一 会社員・四十一歳……26

傷心旅行で惹かれあったワケあり熟女 変態ドMの肉体を望み通りに調教して 黒木由伸 会社員・四十歳……44

学生旅行で出会った三人の妖艶熟女 極硬童貞ペニスを女穴に呑み込み…… 門脇洋平 会社員・三十六歳……62

第二章 我を忘れて互いの痴態を曝け出す男女

日本縦断自転車の旅で体調を崩した私 親切な熟妻の豊潤ボディを嬲って…… 鵜飼光一 会社員・三十四歳……80

温泉旅行で仲直りした四十路熟女社員 浴衣を着せたままで背徳のナマ挿入！ 山内大樹 会社員・三十三歳……98

史跡巡りで意気投合した熟女未亡人 完熟の牝孔を心ゆくまで堪能して…… 三宅洋貴 会社員・四十歳……114

第三章 旅人たちを惑わせる熟れた淫女の肉体

廃業を決めた熟女ペンションオーナー
最後の想い出に男性客へ淫靡なご奉仕
寺崎律夫 会社員・四十四歳……132

北海道旅行で知りあった二人の美熟女
宴会のあとに淫夢のような3P体験！
牧田慎一 会社員・二十九歳……152

ブルートレインで誘惑された謎の熟女
寝台ベッドで禁断の濃厚精汁発射！
森下幸三 会社員・六十歳……168

失恋の傷を癒すために出掛けた一人旅
離婚した熟女と互いの性器を慰めあい
刈谷雄二 大学生・二十歳……186

第四章 無限の肉悦を求め彷徨う牡と牝の本能

ナンパ目的でやって来た沖縄のビーチ
黒ビキニのグラマー熟女に誘われ……
三田正輝 会社員・三十歳……204

移住先の地元住人との親睦温泉旅行
欲求不満の還暦熟女に狙われた私……
加藤彰 会社員・三十二歳……222

社員旅行で酔い潰れた憧れの熟女課長
普段は見せない淫乱恥体を責め抜き！
川瀬浩介 会社員・二十八歳……238

※本書に掲載した投稿には、読みやすさを優先して、
編集部でリライトしている部分もあります。なお、
投稿者・登場人物はすべて仮名です。

第一章　旅先で出会った美熟女との甘美な遊戯

キャンピングカーで全国の秘湯巡り
道の駅で遭遇した熟主婦と絶頂性交！

新井寛太　自営業・五十歳

私は二十代の後半まで、ちゃんとした定職にもつかず、自由気ままなフリーターをしていました。実家暮らしだったので、家賃や食費はかかりませんし、ある程度バイトの金が貯まると、愛車で全国の秘湯を巡るのが趣味でした。

愛車というのは、軽自動車をキャンピングカーに改造したものなんです。最近でこそ「軽キャン」などと呼ばれて、すでにキャンピングカーとして完成されたオシャレな軽自動車が発売されていますが、私のときはすべて手作りしていました。

秘湯巡りをスタートさせるときは、何カ所かメインになる温泉だけを決めて、あとはもう本当に、風の向くまま気の向くまま。できるだけ節約して、かなりの長旅になることもありましたね。慣れてしまえばけっこう快適なものなんです。

夜は、だいたい「道の駅」の駐車場に停めさせてもらって寝ていました。

この話は、そんな秘湯巡りの旅のなかでも、最も忘れられない思い出なんです。

それは私が二十五歳のときだったと思います。愛車の軽自動車で秘湯巡りを始めて三年目。少しずつキャンピング仕様に改造して、ほぼ完成というときでした。

そのときは東北の日本海側の秘湯を巡るのが目的でした。その日は、秋田県と山形県の県境あたりにいました。いまのようにスマホの位置情報なんてありませんから、秘湯マニア向けの本と地図を頼りに自分で探すしかありません。あと、頼りになったといえば、地元の人たちの声です。本当に役立つ生の情報を教えてくれました。

その日、目指していたのは秘湯中の秘湯といえる天然温泉。とりあえず国道沿いの「道の駅」に寄って、地元の人から情報を収集することにしました。

立派な建物の正面入り口は、巨大な屋根におおわれた屋外エントランスになっていて、そこで毎日、地元の特産品や加工品を売る市場が開かれているようでした。

その中に、〈猪狩《いかり》さんちの採れ立て野菜直売所〉という手書きの看板を掲げた店がありました。そこで「さあ、いらっしゃーい。いまさっきまで、我が家の畑になってたピチピチの無農薬野菜だよぉ」と元気に野菜を売っていた女性と目が合いました。

そこで売っている野菜の生産農家〈猪狩さんち〉の奥さんのようでした。年のころなら四十路半ばで、当時の私からすると二十歳ほど年上の女性でしたが、そのつぶらな瞳は引き込まれそうにきれいで、私はつい見つめてしまいました。

「こんにちは。おにいさん、地元の人じゃないわよね？」

声をかけられて、私は「あ、はい、東京から」とアタフタしてしまいました。

「あら、まあ、東京から。それはそれは。で、何か聞きたいことでも？」

「はい。実は、そこの山の奥に、手つかずの温泉がわいてると思うんですが」

彼女は手ぬぐいで姉さんかぶりをして、モンペに野良着という格好をしていました。無農薬の手作り野菜をイメージさせるための衣装みたいなものなのでしょう。

「わざわざ、あんなところに……男の人は物好きだねえ」

いたずらっ子を見るように笑いながら、ていねいに教えてくれました。

「車で行けるのは三分の一ぐらいかなぁ。でっかい杉の木の下に車を停めたら、あとは獣道だけど、右、右って進んでいけばまちがいないから。そのうち川に出るから。それを上流に向かって歩いていけば、湯気が上がってるよ」

おかげで、まったく人の手の加わっていない秘湯を満喫できた私は、下山後、奥さんにお礼がてら夕食用に野菜を買おうと、再び「駅の道」を訪ねました。

「あら、おにいさん。迷わずに行けたかい？」

「はい、おかげさまで。すごくよかったです。ありがとうございました」

野菜はだいぶ売れてしまっていましたが、奥さんはおまけまでしてくれました。

「今日はもうすぐ店じまいで、うちのじいちゃんが、空いたかごや棚を片づけにやってくるから、それまでお茶でも飲んでいきなよ」

私はお言葉に甘えて、ビールケースに座って、奥さんと茶飲み話を始めました。

「へぇー、あの軽自動車に寝泊まりして、全国の秘湯を巡ってるの」

話し好きの奥さんは、私の軽キャン一人旅の体験談で大いに盛り上がってくれて、そのうちに私のことを「寛太《かんた》くん」と呼んでくれるほどに打ち解けていました。

「あー、来た来た、じいちゃん。すごく楽しかったよ、寛太くん」

「こちらこそ、楽しかったです。いままで行った道の駅でいちばんです」

「私はこれから、今日の売り上げを事務所に報告して、上納金を献上しなきゃいけないの」と、ペロッと舌を出しました。それから「そのあと夕方まで、中の売店も手伝うことになってるのよ。おばちゃん、働くでしょ～」と笑いました。

私はいったん「道の駅」を後にして、近くの河原で飯盒炊爨《はんごうすいさん》をしました。まあ、食事はレトルトやインスタントですますことも多かったのですが、その日は〈猪狩さんち〉の夏野菜がたっぷり入ったカレーを作ることにしたんです。市販のルーに調味料を適当に加えただけなのに、絶品のカレーが出来上がり、ペロッと平らげてしまいました。

しばし、たき火を楽しんでから、私は「道の駅」の駐車場に戻りました。営業時間も終わり、駐車場はすっかり闇夜に包まれていました。

そういう場所で火の気を使うわけにはいかないので、充電式のランタンの明かりで本を読んでいると、愛車の窓がコンコンとノックされました。

私は思わず「ヒッ」と息を呑んでしまいました。髪の長い女性が笑顔でのぞき込んでいたからです。でも、それはすぐに奥さんだと気づきました。手ぬぐいの姉さんかぶりを解いて、ややウェーブのかかったロングヘアをおろしていたので、別人のように見えましたが、引き込まれそうな瞳はまちがいなく奥さんのものでした。

「ど、どうしたんですか？」

私があわててハッチバックを開けると、奥さんは「差し入れよ」と袋を渡してくれました。中身は「道の駅」で売っている日本酒とおつまみでした。

さっきまで着ていた衣装のモンペと野良着も、私服のワンピースに着替えていて、その女らしさに私はドキドキしてしまいました。

奥さんは興味深げに車内を眺めて、こう言いました。

「ほんとにここで寝るのね、楽しそー」

「あ、よかったら、ちょっと入ってみます？」

「あら、うれしー。じゃ、失礼して、上がらせてもらうわね」

「こっちがもらっておいてなんですけど、せっかくなんでいっしょに飲んでください」

「そう言ってくれると思って、持ってきたんだけどね」

奥さんは、なかなかの飲みっぷりでした。

「家のことは大丈夫なんですか？」

「うん、さっき連絡したし、晩ご飯はいつもばあちゃんが作ってくれるから」

後部座席はフルフラットのベッド仕様に改造してあって、壁収納の作りつけのテーブルを出して飲んでいたのですが、一人で寝るには十分なスペースとはいっても、やはり大人の男女が並んで座っていると、意識するなというのがおかしいほど距離が近いのでした。しかも、ときどき奥さんが笑いながら、私の膝や腿を叩いたり、身を預けるように肩や二の腕を押しつけてくるので、私はもうたまりませんでした。

やがて、首筋までピンクに染めた奥さんが、「私ね、高校生と中学生の息子がいるんだけど、思春期の男の子って、何考えてるのかさっぱりわからなくて。体ばっかり大きくなって、ろくに口もきいてくれないし」などと言い出しました。

「ねえ、寛太くんはどうだった？　中高生の思春期のころ？」

「んー、やっぱり子どものころみたいに母親と話すのは、恥ずかしかったかもです」

「うちの息子たちはまだ童貞だと思うんだけど、だから、よけいにエッチなこととか、異性のこととかで頭がいっぱいになって、ぶっきらぼうになっちゃうのかな」

私はもう、隣にいる奥さんのことで頭がいっぱいでした。

「寛太くんは、この車に、女の子と泊まったことはあるの?」

「い、いいえ、そんな相手……いないし」

「そう。いつかはそういうこともあると思うから、ちょっと練習してみる?」

「え? あ、あの、奥さん……ああっ、そんな」

なんと、あろうことか、奥さんは両手で私のスウェットパンツの股間をさわりはじめたんです。恥ずかしながら、私の愚息はすでにビンビンに勃起していたのですが、そんなことを指摘するでもなく、奥さんはやさしく撫でたり、もんだりしていました。

「このあたりでは、男の人のこれを〝がも〟っていうんだよ」

奥さんが独り言のようにつぶやいて、両腕を私の首に回してきました。

「だけど、奥さん……ど、どうして、んぐ」

私の顔がゆっくりと引き寄せられて、唇が重なりました。奥さんの唇は、この世のものとは思えないほど柔らかくて、私の心までとろけてしまいそうでした。

とまどい、オドオドする私の舌をやさしく誘い、唇を使って自らの口の中に吸い込んでいきました。右に左にと首を傾《かし》げるようにしながら、私の唇を舌で舐めつけ、歯と歯茎の間に這い回らせて、私の口腔の奥深くまで忍び込ませてきました。

お互いの口の中を絡まり合う舌が何度も行き交いました。私はそのとき、それほど女性経験が豊富なほうではありませんでしたが、お店のお姉さんも含めて、数少ないお相手をしてもらった女性のなかでも、ダントツにエッチなキスでした。

ツーっと唾液を滴《したた》らせて唇を離した奥さんが、そっとささやいてきました。

「……男の人って変わっちゃうんだよね」

「え？」

「思春期のころはそんなにエッチなことばっかり考えてるくせに、特に、結婚したとたんに、相手を女として見なくなるっていうか……」

「はぁ……」

「女は逆にね、四十代ぐらいで子育てもひと段落して、自分のためにエッチを楽しみたいっていうか、なんか若いときよりもムラムラしてるっていうのに……うちの旦那なんて、もう何年も前から、私にさわろうともしないんだからね」

それからもう一度エッチなキスをして、奥さんは私の耳元でささやきました。

「女のアソコは〝だんべ〟っていうのよ。寛太くんもさわってみて、私の〝だんべ〟」

奥さんがゆるゆると膝を広げながら、ワンピースのすそを持ち上げていきました。

私は導かれるように、すその中に右手を忍ばせていきました。

「ハァ、ハァ、私、自分から、こんなこと……」

すその奥に入っていった私の右手は、ムッとするような熱気に包まれました。奥さんのワンピースの奥には、淫蕩《いんとう》な女性の性欲が渦を巻いていたんです。

「どうなってる？」

「あの、パンツがヌルヌルして、すごく熱いです」

「パンツをめくって、直接さわってみて」

言われるまま奥さんのショーツのクロッチ部分を横からめくって、オズオズと指を這わせていくと、私の指には、蜂蜜をまぶしたような熱いぬかるみの中で、幾重にも折り重なってうごめく粘膜の肉襞が、ねっとりとまとわりついてきました。

脳みそをかき回されるような、なんとも言えないさわり心地でした。

「私の〝だんべ〟が、寛太くんの〝がも〟を欲しがってるでしょ？」

「は、はい。なんだか、気が狂いそうに、エッチな感触というか……」

「ねえ、私が、この車の中でいちばん最初に、寛太くんの〝がも〟を、自分の〝だんべ〟に入れる女になっていい？」

私はコクコク、コクコクと首を何度も縦に振りました。

「じゃあ、あおむけに寝て。私が気持ちよくさせてあげるから」

私が寝転がると、奥さんがおおいかぶさってきて、キスをしたり、耳を舐めたりしながら、私の着ていたTシャツ、スウェットパンツ、トランクスと脱がせていきました。

私が全裸になってしまうと、奥さんは乳首を咥えて舐め回しながら、右手を股間に伸ばしてきました。亀頭を転がすようにいじくり回したり、ペニスの幹を握ってセンズリのようにしごいたり、奥さんの指が私の股間で動き回りました。

「あっ、うっ、んぐぐ……」

私はエッチなお店も安いところしか行ったことがなかったので、女の人からそんなふうに責められるというか、愛撫されるというか、そういう経験がなくて、どうしようもないほど興奮してしまいました。

「あぁぅ、奥さん、気持ちよくて、おかしくなりそうです」

すると奥さんは、身を縮こまらせるようにして、私の股間に顔を近づけました。

「久しぶりだから、うまくできるかどうかわからないけど……」

奥さんは頬ずりするほど亀頭に顔を近づけて、指でそっと包み込んできました。

「あぁ、すんごく立派。いっぱい食べさせててね」

　大切なものをめでるように、亀頭の裏筋から睾丸の袋までなで回してきました。両手でペニスの幹を支え持って、前後左右から見つめていました。

「こんなことがあるんだね。今日、初めて会った寛太くんを、私、フェラチオしようとしてるのよ。なんか考えただけで、ドキドキしちゃう」

　そう言って奥さんは、引き込まれそうな瞳を私の顔に向けると、しっとりと濡れた肉づきのいい唇をポッと開いて、ピンクの舌先をのぞかせたんです。

　それを、そのままペニスの先端に近づけて、チロチロと舐めつけてきました。

「あぁっ、うッ、あうぅっ」

　横になっているというのに、膝が笑うというのか、腰が砕けるというのか、私はそんな感覚を実感しました。すると、奥さんの舌はさらにとがって、尿道口をほじるようにグリグリとえぐりつけてきました。ゾゾゾッと寒気にも似た快感が背筋を駆け上がって、体中を小さな虫が這いずり回っているようでした。

「うぐ、むぅっ……あぁぁっ」

　私が恥ずかしげもなく身悶《みもだ》えていると、奥さんは私の顔にうるんだ瞳を向けたまま、唇を大きく開いて、亀頭をぱっくりと咥え込んでしまいました。

「あうぅ、奥さん、夢じゃないですよね」

奥さんの口の中には体温以上に熱い唾液が、たっぷりと溜まっていました。

しかも奥さんは、いきなり最初から激しく頭を振りつけ、ジュブッ、ジュブッと音を立てて、ペニスの根元までを自らの口の中に出し入れさせたので、心地いい粘液の中で亀頭が溺れてしまいそうでした。

「あッ、くッ、そんな……奥さん」

ふくよかな頬が、大きく窪むほど亀頭に吸いついて、カリ首をこするようにしごいていました。首を振りつけるたびに、口角から唾液が溢れて、床の上まで滴り落ちていきました。ジュルッ、ジュルッ、ジュブッ、ジュルル……生産農家の美形奥さんの淫らなフェラチオに、私の下半身はガクガクと痙攣を繰り返していました。

「ハッ、ハッ、寛太くん。私、もう、欲しい」

そう発した奥さんが、私に背を向けてワンピースを脱ぎはじめました。

「ねえ、寛太くんも見たい？　私の〝だんべ〟」

「そ、それは……見たいですけど……」

ブラジャーとショーツもはずして、奥さんが体ごと振り返ってきました。私も思わず上半身を起こして、体育座りのような格好で向き合いました。

フルフラット仕様とはいえ、軽の車内スペースですから、全裸になった奥さんの姿が至近距離で私の視界いっぱいに飛び込んできました。メロンを二つ並べたようなたわわな巨乳の頂《いただき》に、乳首がピンとこり固まっていました。

「お、奥さん、あの、おっぱい……さわっていいですか？」

「うん、いいわよ」

私は両手を伸ばして、いっぱいに広げた指で左右の乳房をわしづかみにすると、グイグイともみしだきました。水風船のような柔らかい弾力に満ちたおっぱいの肉が、ムニュッ、ムニュッと指の間から溢れて、なんとも言えない感触でした。

「あっ、あんッ、寛太くん、そんなに……」

「す、すいません。強すぎましたか」

「ううん、いいのよ。それより、下も……見て……さわって」

そう言った奥さんが、膝を立て大胆なM字開脚になって、股間を突き出してきました。ランタンの光で、奥さんのヴァギナが丸見えになりました。

「これが私の〝だんべ〟よ。見える？」

私は視線を貼りつけたまま、コクコクとうなずきました。

奥さんの美しくもいやらしいヴァギナが、なまなましく迫ってきました。奥さんのどころか、私はそのとき誰のものも、生の女性器をそんなにマジマジと見たことがなかったので、その淫蕩で衝撃的なビジュアルに、鼻の奥がツンと痛くなっていました。

奥さんの股間は、肉土手のぷっくりとした膨らみの上に、黒々と濃い陰毛が生え揃っているのですが、その下の性器の周りにはまったくといっていいほど毛が生えていませんでした。ヴァギナ全体が蜂蜜のような愛液にコーティングされていて、くっきりと刻まれた股間の割れ目の間から、きれいなサーモンピンクの小陰唇がはみ出し、新鮮な二枚貝のようにうごめいていました。

「よく見て……奥まで」

奥さんが股間をさらに突き出してくれました。

すると、奥さんの両手の指が、水平になるほど開いた内腿をすべりおりてきたんです。生貝のような小陰唇をなでつけながら、左右に大きく広げていきました。

「あぁぅ、恥ずかしい、自分からこんな……」

ぱっくりと開いた小陰唇の中から、粘膜の割れ目が剝き出してきました。粘膜は奥にいくほどピンクが濃くなり、肉の亀裂の最も上のあたりに天然真珠のようなクリトリスがぷくっと勃起していました。その五センチほど下にある膣口は、特に濃い蜂蜜のような愛液を零《こぼ》れそうなほどにたたえ、呼吸をするように収縮していました。

「もっと見て。いっぱい見て」

奥さんは自らヴァギナを広げる羞恥《しゅうち》に震えながら、そう訴えてきました。

「ねえ、寛太くん、クリトリスはどこ？」

私は遠慮がちに右手を伸ばして、人差し指を押し当てました。

「ッ……そう、そこよ」

軽くこすりつけただけで、奥さんのウエストから下が痙攣のように弾みました。

「そ、そこ……そこが、エッチな私のいちばん感じるところ」

大股開きの白い内腿をひくつかせながら、ロングヘアを振り乱していました。

「寛太くんの〝がも〟が入る穴も、わかるでしょ」

私はクリトリスから移動させた人差し指に中指も添えて、膣口をこねつけました。

「そう、そこ……もう欲しいけど、指入れてみて、二本」

グッと押しつけると、ヌルッと入り口を突き抜けて、根元まで埋まっていきました。

「はあうッ！」

奥さんが背筋をグウゥッとのけぞらせました。奥さんの膣の中は、ヤケドしそうなほど熱い愛液がたっぷりと溜まっているのに、ウネウネとうごめく軟体生物のようなものが、指にまとわりつき、むさぼるように締め上げてきました。

「私、中も大好き。指でも感じちゃう」

そう言って、奥さんが両手を股間に伸ばし、私の右手首を握りました。

それから、私の右手をバイブ扱いでもするように、グイグイと前後させて、入っている二本の指を自分の膣の中に出し入れさせたんです。

「そう、こうやって、出したり入れたり……ああッ」

グチャッ、グチャッという大きな音が、車内に響き渡りました。

「もっと、もっと、いっぱい入れて！」

奥さんがM字の下半身も動かしはじめました。愛液にまみれた膣粘膜が、私の二本の指を締めつけてきました。咀嚼《そしゃく》するように、うごめき、むさぼりついてきました。

私は奥さんのオナニーの手伝いをするために、指を差し出しているようなものでしたが、奥さんは息を弾ませて、うれしそうにこう口走りました。

「はッ、はッ、やっぱり自分でするより、寛太くんの指のほうが気持ちいいよッ」

そして、ビクビクッと体を弾ませると、指を抜き去っていったんです。

「もうダメ、我慢できないわ。寛太くんの〝がも〟を入れて」

すると何を思ったか、奥さんは四つん這いになってお尻を突き上げました。

「私、後ろから……激しくされるのが、好きなの」

私はご要望にこたえようと、奥さんの背後で膝立ちになりました。もともと乗用車よりも車高は高いので、その体勢もそれほど窮屈ではありませんでした。

バックスタイルになった奥さんのなまめかしい肢体は、とても「道の駅」の特売所で元気よく野菜を売っていた、生産農家の女性と同一人物とは思えませんでした。

それよりなにより、後背位の格好でパンと張りつめた奥さんのヒップが魅力的で、たまらなかったんです。まるまるとして形がいいとか、若々しいとか、柔らかいとか、そういう魅力だけじゃなくて、女の年輪を感じさせる量感たっぷりの魅惑的な臀部とでもいうのでしょうか。つい私は誘われるままになで回してしまいました。

それはもう、奥までむっちりと具の詰まった垂涎《すいぜん》のもみ心地でした。

もちろん奥さんは農作業もしてきたでしょうし、「道の駅」で野菜を売って、売店の手伝いもして、義理の両親が健在で助かっているとはいえ、家事や育児も一所懸命にやってきたのです。そういう日々の積み重ねが、奥さんのヒップをムチッ、ムチッといっそう魅力的なものにしてくれたように思いました。

「寛太くん、そんなにお尻ばっかりさわってないで……」

奥さんがそう言って、四つん這いの太腿の間から私の股間に手を伸ばしてきました。ペニスの幹に指を絡めるようにして握りました。

「あぁ、何年ぶりかしら……緊張しちゃう」

垂涎のヒップの割れ目の奥では、小陰唇が左右に貼りつき、ヴァギナがパックリと剝き出し、陰毛まで愛液にまみれていました。奥さんは私の亀頭をコントロールして、ヌルッ、ヌルッと上下させ、やがてヌポッと膣口にハマりました。

「ん、んん、寛太くん、このまま腰を前に」

「は、はい！」

私が奥さんに言われるまま、尻の筋肉を締めて腰を突き出すようにすると、ヌメリッといちばん太いカリ首までが、熱くぬかるんだ膣の中に埋まっていきました。

「あぁっ、入った……寛太くんの〝がも〟が、私の〝だんべ〟に入ったよ」

ヌメヌメと亀頭を進ませると、あの軟体生物がペニスにまとわりついてきました。引き抜き、突き入れ、出し入れを繰り返すと、その数も動きもどんどん増幅しているようでした。ペニスの根元まで這い回って、幾重もの快感が押し寄せました。

これが〝ミミズ千匹〟といわれるものなのでしょうか。とてもこの世のものとは思えない快感に、私の全身がまたたく間に溺れていきました。

「くうっ、奥さん、す、すごいです」

「あぁぁっ、寛太くん……いっぱい入ってるよ」

「くうっ、気持ちよくて、腰が止まりません」

男の衝動が私の全身を駆け巡り、ペニスでヴァギナを突き刺すように、腰が勝手に動いてしまいました。わき上がる激しい感情のままに、連続して突き入れました。

グチャッ、ズリュッ、ブチュッ――。

振幅の大きいストロークで出し入れしながら、動物のような四つん這いで身悶える奥さんにおおい被さり、腋の下から両手を差し込んで乳房をもみしだきました。

「あんっ……そ、そんな激しく、いいぃっ」

手のひらをいっぱいに広げて、メロンのような乳房をグイグイともむと、指の根元までが乳房の肉に呑み込まれました。水風船のような柔らかさの奥に弾力に満ちたもみ心地が詰まっていて、夢中で味わいながら、ペニスを出し入れしました。

「あ、あ、ああッ……感じる。興奮しちゃう!」

奥さんはウェーブのかかったロングヘアを振り乱し、垂涎のヒップをグッと張りつめて、私の挿入を受け止めていました。

「いいッ、うれしいッ、そんなに激しく!」

強烈なピストンを繰り返すうちに、全身から汗が噴き出しました。奥さんのきめ細かい肌もヌルヌルにすべっていきました。奥さんのうごめく〝ミミズ千匹〟がペニスの隅々にまで絡みついてきました。腰回りに射精の予兆が渦巻き、睾丸がキューッと上がってきました。もう我慢などできそうにありませんでした。

「お、奥さん、このままイキます！」

「うん、うん……私も、もおっ！」

汗でコーティングされた大きいお尻をもみくちゃにしながら、腰をぶつけるようにして出し入れしました。奥さんの艶《なま》めかしい肢体が狂ったように躍《おど》っていました。

「ああっ、イク、奥さん、もう出ます！」

「出して……あうッ！　中にちょうだい！」

ラストスパートの激しい息遣いが交錯し、グチャッ、ブチャッという淫らな挿入音と、声にならない奥さんの喘ぎが、私の愛車の中に響き渡りました──。

翌朝。コンコンと窓ガラスがノックされました。

「おはよう。はい、朝ごはんよ」

手ぬぐいで姉さんかぶりをした奥さんが、さわやかに笑っていました。

本当に素敵で夢のような体験でした。

渓流釣りで訪れた旅館の美人女将……二人きりの露天風呂で青姦アクメ！

光村誠一　会社員・四十一歳

私には結婚願望がなく、子どもも欲しくないため、ずっと独身を通しています。

そんな私の唯一の趣味は渓流釣りで、仕事が休みの日は前の日から車で穴場に出かけ、釣りをしながら自然を満喫するのが最高の楽しみでした。

何度かお世話になっている露天風呂つきの山奥の旅館があり、女将《おかみ》ともすっかり顔なじみではありますが、お邪魔するのはおよそ二年ぶりのことでした。

コロナの影響で宿泊客が激減したため、かなり苦しいと嘆《なげ》いており、その日の宿泊客も私一人だけでした。

女将は五十路を過ぎたあたりでしょうか。

ふっくらした体型は年相応の印象を与えたものの、ベビーフェイスの容貌が愛らしく、若いときはさぞかしモテただろうなと想像できる魅力的な女性でした。

旦那さんと離婚されたという話は聞いていたのですが、この二年の間に息子さんは自立し、初老の番頭や板前も辞め、いまは忙しいときは親戚を呼んで切り盛りしているとのことでした。

そのときは連休を利用した二泊の予定で、女将のほうから釣りに同行したいと言われ、断る理由もなくオーケーしました。

私自身は若いときから年下好みで、三十二歳のときに二十八歳の彼女と別れてから交際した女性は一人もいません。

感覚として、女将には姉のような印象を抱いていたと思います。

翌朝、沢を登った私たちは渓流釣りにいそしみ、彼女は弁当を作ってきてくれて楽しい時間を過ごしました。

ふだんは着物姿で髪をアップにしているのですが、そのときばかりは薄桃色のブラウスに白のパンツと、ラフな格好が若々しく見えて胸がドキリとしたのは事実です。

釣果《ちょうか》もなかなかのもので、その日の夕食は私がさばき、女将が天ぷらやワイン蒸しにしてくれ、二人で酒を汲み交わしました。

その最中に旅館の廃業も考えているという話を聞かされ、さすがにさびしい気持ちは隠せませんでした。

なんとかしてあげたかったのですが、私一人の力ではどうにもなりません。

元気づける言葉をかけるだけで精いっぱいでした。

「そうか……そういう事情なら、俺も来る頻度増やしますよ」

「そうしてもらえると、ありがたいわ」

少なからず重苦しい雰囲気がただよい、私はグラスに残ったビールを飲み干してから席を立ちました。

「どうも……ごちそうさま」

「あら、もういいの？」

「うん、朝が早かったから。ひと風呂浴びてから寝ます」

女将はまだ話したさそうな様子でしたが、聞き役に徹するのもつらく、早く汗を流してひと息つきたいという気持ちのほうが勝っていました。

露天風呂は旅館の裏手の山の中腹にあり、竹塀に囲まれた風情のある場所です。

葉擦れの音を聞きながら満点の星を眺めているだけで、心が洗われるような気分になりました。

十五分ほどたったころでしょうか。すりガラスの向こうに人影が映り、私は眉をひそめました。

宿泊客は私一人のため、女将以外には考えられません。何か用事でもあるのかと身構えたところ、驚いたことに服を脱いでいる姿が目に飛び込んでくるではありませんか。

この露天風呂は混浴でしたが、女性客が入ってきたことは一度もなく、ひたすらあわてまくりました。

「湯加減は、どうかしら？」

ガラス戸の向こうから彼女の声が聞こえ、私は掠《かす》れた声で答えました。

「う、うん、ちょうどいいよ」

「お酒、持ってきたのよ。飲まない？」

「……え？」

どう答えたら、いいものか。拒否しようにも、すでに服を脱ぎはじめていますし、恥をかかせるわけにもいきません。

「いいけど……大丈夫なの？」

「何が？」

「だって……」

「ふふっ、この露天風呂、混浴なのよ」

「それは知ってるけど……」

困惑げに答えた直後、引き戸が開き、バスタオルを体に巻きつけた女将が姿を現すと、くっきりした胸の谷間に目が釘づけになりました。

服の上からでも予想はできたのですが、ものすごい巨乳で、ロケットのようにドンと突き出ていたんです。

もともと色白のせいか、なめらかな肌質が目に映《は》え、いかにも柔らかそうなふくらみに喉をゴクンと鳴らしました。

「お酒、受け取って」

熟女は湯殿に近づくや、とっくりとお猪口《ちょこ》を乗せたお盆を湯船に浮かばせ、私は中腰の体勢から股間をタオルで隠して引き寄せました。

彼女はそのまま木桶でかけ湯をし、バスタオル姿のまま入湯してきたんです。

「あ、タオル、いいんですか？」

「いいのよ、もう一枚用意してあるし」

「そ、そうですか」

多少がっくりしつつも、女将はとなりに来て、二人でしんみりとお酒を飲みました。

かなり強いお酒で、二杯目を飲んだところで酔いが回ってしまい、顔がどんどんほっていきました。

「明日は、どうするの？　また釣りはするの？」

「え、あぁ……明後日は仕事だし、時間をかけてのんびり帰ろうかなと」

「そう、それじゃ、急ぐ必要はないのね」

「え、ええ」

夜はまだ長いですし、誘いをかけられているようでドキリとしました。

横目で様子をうかがうと、桜色に染まった頬やうるんだ瞳が妙に色っぽく、彼女がとても魅力的な女性に見えてきたんです。

全身の血が騒ぎだし、下腹部がモヤモヤしだすころ、女将は肩をすり寄せ、のっぴきならぬ状況に心臓は早鐘を打つばかりでした。

「もう一杯、飲む？」

「い、いや、けっこうです」

丁重に断ると、熟女はお酒を口に含み、唇を近づけてきました。

「え、え……あ」

積極的なアプローチに拒否できぬまま唇を奪われ、脳の芯がビリビリ震えました。

お酒が口の中に注ぎ込まれると同時に熱い舌がもぐり込み、豊満なバストが胸に押しつけられると、性欲のスイッチが完全に入ってしまったんです。

「ん、む、むう」

異性との接点は二十代の女性までしかなかったのに、まさか一気に五十路を過ぎた女性とラブシーンを演じることになろうとは考えてもいませんでした。

舌を絡め、唾液をじゅるじゅる吸われ、手のひらで胸をなでられるたびにペニスはぐんぐん膨張し、理性が徐々に砕け散りました。

あの時点では、もう行き着くところまで行くしかないという気持ちに変わっていたと思います。

「ふっ、ンっ、ン、ふうっ」

女将は鼻から甘ったるい声を洩らし、柔らかい手を下腹部に伸ばしました。

ビンビンにそり返ったペニスを軽くしごかれたとたん、快感が背筋を這いのぼり、私も負けじと彼女の舌を吸い立てました。

とにかく、熟女の体はやたらむちむちしていて、包み込まれているような心地いい感触を与えるんです。

肩を抱き寄せ、さらに唇をむさぼっていると、今度はバスタオルがはらりとほどけ、生乳が胸に合わさりました。

私はためらうことなくまるまるとした乳房をもみしだき、すでにしこり勃《た》った乳首を指先でこねくり回しました。

「あ、はぁあぁっ」

唇がほどかれ、女将が艶《つや》っぽい眼差しを向けながら熱い吐息をこぼしました。

「いやぁ……感じちゃうわ」

「女将さんが悪いんですよ。いきなり、キスするから」

「ごめんなさい……だって、さびしくて」

儚《はかな》げな笑みを目にした瞬間、猛烈な庇護《ひご》欲がそそられ、今度は彼女がとてもかわいく見えました。

その間もペニスはしごかれているのですから、性欲が怯《ひる》むはずもありません。

私は腰を抱え上げて膝立ちにさせ、豊満な乳房を剝き出しにさせました。

「あぁ……すごいおっぱいです」

「……恥ずかしいわ」

仄《ほの》かな照明の光を反射し、艶々した光沢を放つ乳房に男心が惑わされました。

らんらんとした目を向け、両手で乳丘をゆったり練れば、あっという間に楕円に形を変えて手のひらからはみ出しました。

私は唇をすぼめて乳頭に吸いつき、赤子のようにチューチューと吸い立てたんです。

「あぁン、だめ、そんなことしたら、欲しくなっちゃうわ」

こびを含んだ声になおさら性感をあおられ、無我夢中でしゃぶっていると、のぼせてしまったのか、意識が朦朧《もうろう》としました。

食事のときはもちろん、入湯中にも酒を飲んでいるのですから無理もありません。

「ぷふぁ」

「やだ、目がうつろになってるわよ。湯殿の縁に腰かけたほうがいいわ」

立ち上がれば、男の分身が丸見えになってしまいますが、恥ずかしいという気持ちはまったくありませんでした。

言われるがまま腰を上げ、平らな岩に腰をおろすと、ペニスは股のつけ根から隆々とそり勃ち、裏茎には太い芯が注入されていました。

「まあ……すごいわ」

「はあはあはあっ……おっ」

女将は股の間に身を入れ、脈動するペニスを両手でそっと包み込んだんです。

「こんなになって……はあ、コチコチ」

すかさずシコシコとペニスをしごかれたあと、彼女は情熱的な唇を近づけ、舌で根元からカリ首までツツッと舐め上げました。

「……くっ」

「はぁ、ン、ふっ、ン、ふうっ」

熟女は眉をハの字に下げ、溜め息混じりの吐息をこぼしてからペニスに舌を這わせました。そして唾液を丹念にまぶしたあと、真上からがっぽりと咥え込んでいったんです。

ギュポポポッと卑猥な音とともにペニスが根元まで呑み込まれ、私は驚きに目をみはりました。

顔をゆったり引き上げたときの悩ましい表情は、いまだに忘れることができません。鋭角にすぼめた頬、だらしなく伸びた鼻の下、めくれ上がった唇と、まさにエロチシズムのかたまりにしか見えませんでした。

顔をゆがめた直後、女将は首を軽やかに振りだし、巨大な快感が高波のごとく襲いかかりました。

豊満な女性って、口の中も肉厚なんですね。

ねとねとの粘膜がまったり包み込んでくるだけでも気持ちいいのに、いとしいものをいつくしむような愛情たっぷりの奉仕が、気分をさらに高揚させました。

「おおっ、おおっ」

早くも裏返った喘ぎ声をあげ、腰を小刻みにふるわせるなか、またもやふしだらな水音が響き渡りました。

くぽっ、くぽっ、こきゅっ、こきゅ、ぎゅぷぷぷぷっ！

リズミカルな首の打ち振りに射精願望が上昇し、恥ずかしながら瞬時にして放出寸前まで追い込まれてしまったんです。

「あぁ、女将さん、そんなに激しくしたら……出ちゃうよ」

「……だめよ」

熟女はペニスを口からちゅぽんと抜き取ったのですが、甘く睨《にら》みつける表情のなんと色っぽかったことか。

何はともあれ、性感がボーダーラインを割り込んだのも束の間、彼女は身を起こし、なんと豊かな乳房でペニスを挟み込んだんです。

「……あ！」

乳丘に手を添え、柔肉が側面から押しつけられると、ふんわりした温かい感触に感動すら覚えました。

ペニスに付着した唾液が潤滑油の役目を果たし、ゆっさゆっさと上下にスライドするたびに快感が走り抜けました。

実は私、パイズリは初めての経験だったんです。

今度は乳房を互い違いに揺すり立て、ペニスがもみくちゃにされると、あまりの快美に意識せずとも大股を開いていました。

「気持ちいい？」

「あぁ……すごい、き、気持ちいいです」

「ふふっ、もっともっと気持ちよくさせてあげる」

すべりが悪くなると、上から唾液を滴《したた》らせ、胴体をこすり上げてくるのですから、新鮮な刺激に背筋がゾクゾクしました。

「も、もうだめ……女将さんのも舐めさせてください」

私は前屈みの体勢から熟女を抱きかかえ、すかさず体位を入れ替えて岩に腰かけさせました。

「あ、ンっ！　わ、私はいいのよ」

「だめです、さんざんぼくのを見たじゃないですか。見せてください」

あそこを披露《ひろう》するのが恥ずかしいのか、足をぴったり閉じ、いやいやをする仕草がこれまた男心をあおり、ペニスが限界まで張りつめました。

「早く」

「あぁンっ」

肉づきのいい太腿を強引に割り開くと、女将は後ろ手で体を支え、陰部を余すことなくさらけ出しました。

こんもりした恥丘のふくらみに漆黒の恥毛が張りつき、真下には肉厚の陰唇が、あけびのように口をぱっくり開けていました。

包皮も完全にズル剝け、ボリューム感いっぱいのクリトリスがルビー色の輝きを燦々《さんさん》と放っていたんです。

深紅色の内粘膜の中は肉塊がひしめき合い、生き物のようにうごめきながら濁った愛液を滾々《こんこん》と溢れさせていました。

胸を高鳴らせた私は脇目も振らずにかぶりつき、舌を跳ね躍らせては女肉の花をしゃぶり回しました。

甘ずっぱさとショウガにも似たピリリとした味覚を堪能《たんのう》する最中、ふしだらな女の匂いが鼻腔を突き刺し、睾丸の中の精液がのたうち回りました。

「あン、あン、だめ、だめっ、やあぁっ」

女将は子猫のような泣き声をあげ、腰を何度もふるわせていましたが、あのときの私はクンニリングスに全神経を集中させていました。

あれほど口戯に夢中になったのも、初めてのことではなかったかと思います。

濃厚なフェラチオとパイズリのお返しではありませんが、彼女にも最高の快感を与えたいという気持ちに衝《つ》き動かされていました。

「やっ、やっ、イクっ、イッちゃう」

陰唇をクリトリスごと口の中に入れて甘噛みし、はたまた上下左右に転がせば、女将は甲高い声をあげ、恥骨を上下に振り立てました。

そして、もくろみどおり、エクスタシーに導いてあげたんです。

「イクイク、あ……イクっ」

熟女はつつましやかに昇天し、腰を大きくわななかせてから、私の顔を太腿で挟み込みました。

クンニの間は湯船につかっていたため、またもや体温が上昇し、汗が顔面を滝のように流れ落ちました。

私は彼女の体を支えながら腰を上げ、となりに座ってぜえぜえと喘いだんです。

「恥ずかしいわ……口で、イカされちゃうなんて」

「はあはあっ……え？」

女将が胸に顔を埋《うず》め、またもやペニスをシュッシュッとしごく間、ようやく息もととのいはじめ、猛烈な淫情が股間を中心に吹き荒れました。

「あ……ン」

唇を奪い、ディープキスで性感をさらに高めたあと、射精欲求が我慢の限界を超えました。

私は彼女の体を強引に反転させ、結合に向けてペニスを握り込んだんです。たわわなヒップがふるんと揺れ、尻の谷間からのぞく恥丘のふくらみが目を射抜きました。

「もっと、お尻を突き出してください」

「こんな格好、恥ずかしいわ」

熟女は肩越しにいやいやをしたのですが、言われるがまま前屈みの体勢から手をつき、ヒップをクンと上げました。

ぱっくり割れた陰唇の狭間は、明らかに源泉とは違う粘液がきらきらした輝きを放ち、逞しいペニスを待ちわびているように見えました。

「あぁ……もう我慢できませんよ」

「あ、やっ、だめ」

豊満なヒップを割り開き、亀頭を割れ目にあてがえば、鈴口にねっとりした粘膜が絡みつき、心地いい快感が身を貫きました。

少しでも油断したら、あっという間に射精してしまうのではないかと思ったほどです。私は気合いを込めたあと、腰を繰り出し、男の分身を膣の中にゆっくり埋め込んでいきました。

「あ、ふぅ」

二人の口から、同時に湿った吐息がこぼれました。

抵抗感やひりつきは微塵《みじん》もなく、とろとろの媚粘膜がうねりくねりながらペニスを手繰《たぐ》り寄せ、さほどの力を込めなくても膣内を突き進みました。

「ひぃうっ！」

恥骨同士がピタリと密着したとたん、媚肉が強くも弱くもなく真綿のように締めつけてきて、私は身も心もとろけそうな快感に酔いしれました。

熟女の膣の中がこんなに気持ちいいとは思っていなかったので、あのときは感動すら覚えたほどです。

腰をゆったり引くと、結合部からにちゅちゅちゅちゅと淫らな音が響き、ペニスは大量の愛液で妖しく濡れ光っていました。

「あ、あ……大きくて……硬いわ」

「女将さんの中も……すごく気持ちいいです」

私は大きな息を一つ吐き、まずはスローテンポのピストンを開始しました。

しょっぱなから激しくしたら、すぐに射精してしまうと思ったからです。

こなれた膣襞が胴体にべったり絡みつき、突けば突くほど快感が増していきました。

「あ、おおっ、おおっ」

「はぁぁ、いいっ、いいっ、いいわぁ」

私は延々と低いうなり声を、彼女は色っぽいあえぎ声をあげていました。

意識せずとも腰のスライドが熱を帯《お》び、いつしか本格的なピストンで膣内粘膜をえぐっていました。

「ひぃぃっ！　すごい、すごいぃっ！」

恥骨がヒップを打ちつけるたびに尻肉に波紋が広がり、裸体が汗でなまめかしくぬらついていきました。

もしかすると、結合していたのは五分もなかったのかもしれません。

子宮口を叩く亀頭の先端が次第に疼きだし、睾丸がキュンと吊り上がるころ、精液が出口を何度もノックしました。

「ああ、女将さん、もうイッちゃいそうです……」

「はぁァン、私もイキそうよ」

「イッてもいいですか?」

「いいわ、イッて、中に出して!」

射精の許可を受けた私はヒップをわしづかみ、腰をガンガン打ち振りました。そして、ほぼ同時に絶頂に達したんです。

「おお、イクっ、イクっ!」

「イッちゃう、イクイク、あ、はぁぁっ!」

放出した瞬間は、天国に舞いのぼるような感覚に酔いしれ、その後は女将の部屋で二回戦。翌朝も愛し合い、豊満な肉体のとりこにどっぷりひたりました。

それからというものの、ひと月に一回はお邪魔し、熟女との甘いひとときを満喫しているんです。

傷心旅行で惹かれあったワケあり熟女
変態ドMの肉体を望み通りに調教して

黒木由伸　会社員・四十歳

ちょうど三十になった年の晩秋、結婚まで真剣に考えていた彼女にふられました。手ひどく落ち込んだぼくは、溜まっていた会社の有給休暇を消化して、あてどもなく一人旅に出ました。傷心の人間が旅をするとなれば、行き先はやはり北国です。これといって目当てもなく、ぼくは名物も名所もなにもない、東北のうらさびれた漁港にふらふらとたどり着きました。

どんよりした空と、冷たい風が吹くばかりの日本海の浜辺には人影もなく、鬱々《うつうつ》としたそのときのぼくの気分にはぴったりの場所でした。

ふと見ると、誰もいないと思っていた砂浜に、もう一人誰かいるのに気づきました。中年の女性でした。トレンチコートの襟を立て、長い髪がときおり風に舞っています。見たところ、年齢はぼくより十くらい上でしょうか。細面《ほそおもて》の、物憂《ものう》げな美人でした。

ぼくと同様、いえ、ぼく以上に、何か深い事情のありそうな雰囲気です。

彼女がちらりとこちらに顔を向け、一瞬、目が合いました。ぼくはあいまいな会釈だけ送り、無言でそこから離れました。よけいな詮索《せんさく》をされたくない気持ちは、ぼくが誰よりわかります。

しばらくぶらぶら歩くと、観光客向けとおぼしき、さびれた休憩所がありました。オフシーズンなので、やはり客は誰もいません。

自販機の熱いコーヒーを買い、すっかり冷えた体を暖めていると、ほどなくさっきの女性が入ってきました。さして広い場所でもなく、女性は自然とぼくの近くのベンチに腰をおろします。

「お一人で、ご旅行かしら？」

遠慮がちに、女性が口を開きました。ぼくは弱々しく笑ってうなずきます。

「ええ、まあ。そちらも……？」

「そうですね……旅行というか……」

女性もぼくと同様、言葉を濁しました。大人同士、それでおおよそのことは察しがつきます。お互い、いろいろ抱えての旅路のようです。

ぼくはもう一本熱い缶コーヒーを買って、女性に手渡しました。

「すみません……いただきます」

町へ戻るバスが来るまで、あと小一時間ほどもありました。ぼくらは、どちらからともなく、ぽつりぽつりと身の上話を始めました。

女性の名前は真紀《まき》といいました。年は四十五。かなり年の離れた内縁の旦那さんがいたそうですが、先月亡くなられたとのことでした。

「私、若いころからその人一筋で……もう体にぽっかり穴があいてしまったようで」

よく似た境遇同士、せっかくだからお酒でもという流れになりましたが、なにしろ田舎町のことです。日が暮れると店もろくに開いていません。

「仕方ない、宿で部屋飲みといきませんか？」

ぼくが誘うと、真紀は黙ってうなずきました。夜になると帳場に人もいないような古びた安旅館です。途中で買い込んだ酒とつまみをちびちびやっていると次第に酔いも回り、ぼくらの話題はさらに踏み込んだものになっていきました。

「私ね、内縁の妻というより、愛人だったんですよ。あの人と、本当にセックスが好きでねえ。私はもっぱら、その処理係。二十代のころから、ずうっとペットみたいに調教されて……」

「調教って……」

ぼくは、真紀から唐突に飛び出した過激な言葉に面食らい、思わず聞き返しました。

真紀はなんともいえない淫らな薄笑いを浮かべ、小さな声で続けました。

「うふふ。本当にそうなんですもの。なんにも知らない小娘のころから、父親みたいな年の男に、ただ快楽のことだけを教え込まれて、まるでセックスの道具。でもね、ヘンな話だと思うでしょうけど、とっても幸せだったんですよ、私」

想像もしていなかった真紀の大胆な告白に、ぼくはしばらく言葉を失っていました。

さっきまであまり意識していなかった目の前の真紀から、急になまなましい性のニオイがただよってきたような気がしました。

コートを脱いだ真紀の肉体は、細身なのにたわわな乳房がニットの下で重たげに揺れて、たまらなくそそります。横座りになったスカートからちらりとのぞく膝頭、酔いでぽっと桜色になった頬やうるんだ目もとにも、むっとする色気が溢れていて、見ているだけで妙な気分になってきます。

正直、年上趣味はないつもりでしたけれど、傷心の旅先で出会った訳ありの美熟女と二人きりという奇妙な状況に、ぼくはいつにない胸の高鳴りを感じていました。

気づくとぼくは、真紀を乱暴に抱き寄せ、唇をむさぼっていました。

「あっ……」

真紀は少しだけ驚いた様子でしたが、抵抗はしませんでした。むしろ、すぐに自分からぼくに舌を絡めてくる積極性でした。

ぼくがニットの上から、真紀の豊かな乳房を握りしめます。見た目以上にもっちりとボリュームのある巨乳です。これまで胸の大きい女性とつきあったことがないぼくには、その重みと柔らかさが、たいへんな刺激でした。

真紀は、「んふ……ううんっ」と卑猥な鼻息を洩らして身じろぎするだけです。

「いいよね……？」

ぼくはベッドの上で真紀にのしかかり、耳元にささやきました。

「いいわ……抱いてください。めちゃくちゃにして」

ぼくは荒々しく、真紀の衣服を剝ぎ取っていきました。しかし真紀は、それでもまだ物足りないようでした。

「もっと……もっと乱暴にして。犬みたいに犯してください」

などと求めてくるのです。

これは思った以上の、ドM熟女のようでした。

いいのかな……と思いながらも、ぼくも興に乗って、真紀の下着を思いきり引きちぎらんばかりにして脱がせてやりました。

真紀の全裸は、まったく四十五歳という年齢を感じさせませんでした。すらりときゃしゃで、それでいて不釣り合いに豊かな乳房の先では、濃いワイン色の乳首がもうコリコリになっています。衣服を引きむしられているだけで、もうすっかり感じてしまっているようです。

なるほど、長年セックス専用愛人として飼われてきたというだけあって、真紀はすばらしいプロポーションでした。正直言って、ぼくをフッた彼女のことなど一発で忘れてしまいそうな美熟ボディなのです。

ぼくはその肉体に、夢中でむしゃぶりつきました。

真紀は感度も申し分なく、ぼくが肌に軽くふれたり、舌先でちょんと舐めてやるだけで、ビクン、ビクンと激しく反応してくれるのです。

本当に、男に抱かれるためだけに磨き上げられた女体でした。

「ああ、すごい……もうずっと男の人にしてもらってなかったから、どこもかしこもさわられるだけでイキそうです……」

早くもヒィヒィと息を弾ませて、真紀がうめきます。

「じゃあ、今夜はぼくがたっぷり抱いてあげるよ。さびしがっているこの体、死ぬほど悦ばせてあげるから」

ぼくが指先で乳首をくすぐるように愛撫すると、真紀は身悶《みもだ》えしながらも、さらにおねだりしてきます。

「あああん、そ、そんな優しいのじゃ足りないの。もっと、もっと意地悪して。痛いくらいの刺激じゃないとガマンできないです……」

どうやら真紀は死んだ愛人から、相当なドMに調教されていたようです。

まいったな……。

マジメぶるわけじゃないのですが、ぼくはセックスの嗜好《しこう》はいたってノーマルで、女性を苛《いじ》めて楽しむといったプレイはまったく未経験でした。

ぼくがためらっていると、真紀は濡れた瞳でじっとこちらを見つめて、うなされたような口調で促《うなが》すのです。

「お願い……私、そういう体の女なの。うんと苛めてほしいんです」

ぼくはおそるおそる、真紀のピンと硬くなった乳頭を指でつまんで、きゅっとつねり上げてやります。

「こうかい？」

「あっ……ヒッ……そ、そうっ、そういうのがいいのっ。もっと、もっと強くっ」

唇をふるわせて、真紀はさらなる刺激を求めてきます。

ぼくはさらに指先に力を入れ、つまんだ乳頭を引っ張って、ずっしりした巨乳全体を持ち上げてやります。自身の乳房の重みで乳首がキリキリとちぎられるみたいな痛みが走っているはずですが、真紀はそれがたまらなく心地いいようです。

「ひぃぃーっ、痛いぃっ。でもすごくイイですぅっ！」

「本当に、こんなので感じるんだ……驚いたな」

思わずぼくがつぶやくと、真紀は自分からベッドの上でうつ伏せになり、ぼくに向けて高くお尻を上げました。

「今度は、お……お尻……お尻をぶってください。お願いします」

アブノーマルプレイは未経験とはいえ、ぼくにも一人前のスケベ心はあります。興味がないといえばウソになります。旅の恥はかき捨てといいますし、ご希望とあらばこたえてあげるのが男です。

完熟した四十路のヒップは、さすがに若い子のようなぷりぷりしたハリこそありませんが、乳房同様真っ白く豊満で、たるみもシミもない美尻でした。

陰毛は薄くて、真紀の女性器もはっきり見てとれます。

ザクロのように赤く熟れた肉割れから、すでに滴《したた》るほどに愛液が溢れ出ています。

「まだ始めたばかりなのに、もうビショ濡れだよ。スケベなマ○コだね」

「いやぁ。は、恥ずかしい……真紀のいやらしいお尻に、いっぱいお仕置きください」

真紀は甘えたように言いながら、ふりふりとお尻を左右に振るのです。

ぼくは手のひらで、真紀の白い尻たぶを「ぱちん」と叩きました。なでなでに毛が生えた程度の、ソフトな叩き方です。

案の定、真紀はそれでは全然物足りないようでした。

「あ……もっと、もっと強くぅ。真っ赤に腫れるくらい強くぶってくださいっ」

それならばと、今度はもう少し力を入れて、ピシャンとやります。真紀の真っ白なお尻に、ぼくの手の跡が赤くくっきりと浮き上がるほどです。

「あーっ！　そ、そうですっ！　でも、もっと強くっ！　もっと苛めてっ！」

ぼくのほうを振り返って、真紀はさらに強い刺激をせがんできます。

そこまで求めるならこたえてやるだけです。ぼくは手首のスナップをきかせ、思いきりお尻に手を叩きつけました。こっちの手のひらまでしびれるくらいの強打です。

「ああーんっ、ヒィィんっ！　すっごく感じますっ！　もっと、もっと欲しいっ！」

お尻を左右に振り立てて、もっと、もっとと真紀は要求してきます。

ぼくもなんだか異様に興奮して、その強さのままお尻を乱れ打ちしてやります。たちまち、真紀のお尻は真っ赤に腫れ上がり、それにつれ、中心にある濃いピンクのつぼみや、その少し下にあるビラビラもどんどん充血し、ヒクヒクと反応するのです。

「はひぃっ、はひぃっ！　お尻が焼けそうっ！　ああ、たまらないっ！　お仕置き、すっごく感じますーっ！　もうどうにかなりそうっ！」

さっきまで物憂げでしっとりと静かだった美熟女が、いまやけだもののように興奮しています。剝き出しの女性器はぷっくりとふくらみ、透明な本気汁がシーツにだらだらと垂れて大きなシミを作っています。

ぼくはいきなり、真紀の濡れそぼった陰部に指をじゅぶりとねじ込んでやりました。ふだんのぼくなら、まずしないような荒々しい指挿入でした。

興奮の極地に近づいていた真紀には、それは耐えられない刺激だったようです。

「んはぁーっ！　そっ、そんな急に入れたらあっ！　あああ、だめですぅっ！」

真紀は激しく背中をそらせます。

「こっちを苛められるのも好きなんでしょ？」

ぼくは洪水状態の真紀の膣を、指で掘り進めます。指を二本、三本と押し込み、それを最初からハイペースでズボズボ出し入れしてやります。

よほど昂《たかぶ》っていたのでしょう。ほんの数回、手マンピストンをしてやっただけで、真紀はあっさりと音《ね》を上げてしまいました。

「はぁーっ、いやいやっ、イクイクイクイクうぅっ！」

ぶしゃぁっと膣から盛大に潮を吹いて、四つん這いのまま真紀は頂点に達してしまったのです。

真紀はしばらくベッドに突っ伏して、ゼエゼエと喘いでいました。

ぼくも人並みの女性経験はあるつもりですが、こんなに激しく女性をイカせたのははじめてでした。真紀の変態っぽさやものすごいイキっぷりに、少々驚きあきれる一方、全身しっとり汗に濡れ、お尻を真っ赤に腫らしている美しい熟れたボディや、真紀の股間から立ち上る体液の香りに反応して、ぼくのナニはさっきからギンギンにパンツの中で突っ張っていました。

ぼくのそれに気づいたのか、真紀がゆっくりとぼくに抱きついてきます。

「イカせていただいて、ありがとうございます。今度は、私がご奉仕させていただいてよろしいですか？」

このころになると、ドMな真紀への対応の仕方がぼくにも身についてきました。わざと尊大に、ぼくは言いました。

「ああ、さっさとやれよ」

「うれしい。いっぱい気持ちよくしてあげますね……」

真紀はぼくをベッドに寝かせると、上からぼくの全身に唇を這わせてきます。唾液で濡れた真紀の肉厚な唇が素肌をねぶり回す感触は、えもいわれぬ心地よさでした。

「うう……」

ご主人さま役に徹しなきゃいけないのに、思わずだらしない声が洩れてしまいます。責めに転じても真紀のテクニックは巧《たく》みそのものでした。乳首をちゅるっと吸われたときなど、無意識に女の子みたいに全身がピクッとしてしまったほどです。

真紀の濃密なリップ責めは、やがて下半身へとおりてきます。といっても、パンツの中で限界まで大きくなっているアレはわざとスルーして、内ももや足の指まで、ていねいに時間をかけて舐め回してくれるのです。どこを愛撫されても、こらえられない快感でした。

やがて真紀の手は、ぼくのパンツにかかりました。真紀がうやうやしくぼくの下着をおろすと、青筋立ててそり返っている我がムスコが露出します。

それを目にすると、真紀はうっとりしたため息をつきました。

「まあまあ、こんなにカチカチ……すごいわ。こんなに元気になってるおち○ちん見るの、何年ぶりかしら。うちの人、晩年はずっとインポ状態だったから……タマタマもこんなに張り詰めて、精子もぱんぱん。ああ、おしゃぶりしたいです。この大きいの、おしゃぶりして、よろしいですか……？」

ああ、早くぼくの勃起しきったコレをしゃぶってくれ……そう言いたいのをぐっとこらえて、ぼくは真紀の好きそうなじらしプレイを始めます。

「まだだよ。まだおあずけだ。先にこっちを舐めるんだ。できるよな？」

ぼくは自分で両膝を抱え、アヌスを開いて見せます。

真紀はいやがるどころか、目をキラキラさせて舌舐めずりします。

「はい、もちろんです。お尻の穴、いっぱいぺろぺろしますね」

なんの躊躇《ちゅうちょ》もなく真紀はぼくの尻に顔を押しつけ、長い舌をうごめかせてぼくの肛門を舐め回しだしました。性器とはまた違う敏感な粘膜を、生暖かいべろで愛撫される感覚は、またしてもみっともないヨガリ声が出てしまいそうな気持ちよさです。

「はあはあ、んんっ、おいしい。お尻の穴、おいしいです……んちゅ、ちゅぷ」

真紀もまた、Mっ気丸出しの嬌声をあげながら、ぼくの肛門をねぶりつづけます。

そろそろ、ぼくのジュニアもじらしの限界でした。ガマン汁がダダ洩れです。

「いいだろう、そろそろごほうびに、チ○ポを味わっていいぞ」

ぼくが許可を出すと、真紀は心底うれしそうに、ぼくのそれを両手で捧げ持ちます。

「ありがとうございます。おチ○ポ、ちょうだいしますね」

真紀は本当に貴重な食材を手にしたみたいに、くんくんとニオイを堪能し、それから感触を確かめるように唇を少しずつちゅっ、ちゅっと押し当てます。

さらに、とっくにぱつぱつに張っている玉袋から、ねっとり舐め上げるのです。

あまりの快感に、ぼくは声が出てしまうのをこらえるのが精いっぱいです。

唇の端からたらたらとヨダレを垂らしながら、真紀はゆっくりとぼくのそれを咥えていきます。長年変態男に鍛えられてきた真紀の舌使いは絶品でした。根元からカリ首、先端の尿道口まで、考えられない丹念さで舌を絡みつけ、刺激してくれます。

本当に、永久にこうしていてもらいたいと思うほどの夢見心地でした。

すると真紀はいきなりフェラをやめ、ぼくにこんなリクエストをしてきました。

「あの、これで私のお口を奥まで犯していただけませんか……？」

もうここまで来たら、断る理由もありません。真紀のお望みどおり、ぼくはナニを真紀に咥えさせると、下から腰をぐんぐん突き上げてやります。

「ほら、どうだ？　こうしてほしいのか？」

喉の奥まで犯されて、真紀は「んごっ、ごふっ」と苦しげな嗚咽《おえつ》を何度も洩らしますが、けっしてぼくのそれを離そうとはしません。顔を真赤にし、涙さえ流しながら、それでも真紀は野卑《やひ》な口ピストンの快感に酔いしれているのでした。

「このまま口の中で発射してやろうか？　それとも、ま○こを生で犯してやろうか？」

イラマチオを続けながら、ぼくは問いかけました。

激しくえずきつつ、真紀はとろんとした瞳でこちらを見つめ返します。おそらくどちらにしても真紀は悦ぶでしょう。選ぶのはぼく次第でした。

ぼくは真紀の髪をつかんで、新たな命令を下しました。

「最後はアソコで感じさせてやる。上から入れていいぞ」

真紀はやっと口からペニスを離すと、甘い声でささやきました。

「い、入れてもよろしいんですか？　ありがとうございます。真紀のいやらしいおま○こで、ご奉仕させていただきますね……」

真紀はぼくの体を跨《また》ぎ、じわじわと腰をおろしていきました。握ったナニがすべるように、濡れきった真紀のマン肉の中に吸い込まれていきます。

「あ……うう……すごいっ。おち○ちんすっごく硬い……それにそってて……あーっ、すっごく気持ちいいですっ！」

深く呑み込むほどに真紀は歓喜の表情を浮かべ、淫らな声をあげます。

言うまでもなく、快感はぼくのほうも強烈でした。

おびただしい液量で熱くうるおう真紀の膣は、奥へ行くほど狭くよじれて、しかもうねうねした細かな襞が、みっちりとぼくのそれに吸いつくみたいです。入れただけで暴発してしまいそうな名器です。死んだ愛人が惚《ほ》れ込んでいたのも無理はないと痛感する快楽でした。

きゅっと眉根を寄せ、せつなげな表情で真紀は腰を上下させはじめました。

「んっ……んんーっ……はあぁ、気持ちいいですぅ。あなたも、おち○ちん気持ちいいですか？　私のここ、どうですか？」

「ああ、いいよ真紀。くっ……すごく締まるじゃないか」

そう言うと、真紀は私の胸板に両手をついて、うれしそうにピストンを速めます。

「よかった……いっぱい気持ちよくなってください。私、がんばりますから……はうっ。ああ、どうしよう、硬いのが奥につんつん当たって、感じすぎちゃう……！」

真紀自身も挿入の快楽に理性が飛びそうになっているのがよくわかります。腰の上下動はますます激しくなり、熟しすぎた巨乳がぷるんぷるんと弾んでいます。下から見上げるその光景は淫乱そのもので、ぼくの発射欲求もいよいよ差し迫ってきました。

ぼくは最後に、もっと真紀が好きそうな体位で悦ばせてやることにしました。

荒々しく真紀の体を押し倒し、両手首を握ってのしかかります。まるでレイプのような強引さです。

「どうだ、こういうのも好きだろ？」

予想どおり、真紀はこういうのが最高に燃えるようです。

「はい……めちゃくちゃにしてください……いっぱい汚してほしい！」

いったん抜いたモノを、ぼくはあらためて正常位で粗暴にぶち込んでやります。

「あぎひぃっ！　そ、そんな激しく入れちゃ……あっ、あっ、やあぁ、壊れちゃいますっ！　こ、こんなの、よすぎておかしくなるうっ！」

愛人の年寄りじゃ、こんな出し入れ無理だったろうなというくらい、ぼくは腰をフル回転させてやりました。

「もっと感じろ！　好きなだけイキまくっていいんだぞ！」

真紀の唇をむさぼりながら、ぼくは鬼のようなピストンを続けてやります。

「んぎぃぃーっ、ゆっ、許してえっ！　またイッちゃいますうっ！　あひっ、んひぃいっ！　もう堪忍してぇっ！　あぁーっ、イクッ！　イキますぅっ！」

突けば突くだけ、真紀のアソコは処女のように締まってきて、ぼくの耐久力にもたちまち限界が迫ってきました。

「ぼくも、もう出すぞっ……生精子、中に出してやるからなっ！」

「はい、くださいっ……タマタマが空になるまで私の中にぶちまけてくださいっ！」

唐突に、ぼくの精巣が決壊しました。最後に一突き、根元まで押し込んだ瞬間、溜まりまくっていた精液が音を立てて噴出しました。

「あっああ……おおぅ……いっぱい出てるぅ……幸せ……」

真紀もまた、ぼくの腕の中で全身をビクビクと痙攣させ、半ば気を失って深い絶頂に浸っていました。

それから、何回交わりを重ねたでしょうか。

翌朝、ぼくが目を覚ますと真紀の姿はどこにもありませんでした。

テーブルの上に、メモ用紙が一枚残されていました。

きれいな字で、こんなことがしたためてありました。

「生きる希望もなにもかも失って、自分を消してしまおうとこんなところまで流れてきました。でも、あなたと出会って、まだ世の中捨てたものじゃないと気づきました。一度、身辺整理のため故郷に戻ります。また近いうちにお会いしたいです」

メモの最後には、携帯電話の番号もありました。

ぼくにとっても、失恋の傷を癒やす、よい旅になりました。真紀と再会するのも、そう遠いことではないと思います。

学生旅行で出会った三人の妖艶熟女
極硬童貞ペニスを女穴に呑み込み……

門脇洋平　会社員・三十六歳

大学生の時分なので、もう十五年も前の話になります。

仲のよかった友人三人と、小旅行で国内のある旅館に行きました。

やれアメリカだヨーロッパだと、海外旅行で裕福ぶりをアピールしたがる連中が周りにいて、私たちはひがみ半分の反動で、国内のできるだけ鄙《ひな》びた旅館を探していたのです。

着いた先は、小さな川があるだけの田舎も田舎。その川で採れる川魚の料理以外に見るものとてない、当時でさえ昭和から取り残されたような旅館でした。

照明の不十分な『遊技場』には、ピンボールに卓球台、なんとインベーダーゲームまでありました。百円を入れて動くのか、不安だったのを覚えています。

「あんたたち、いっしょにやらない？」

浴衣《ゆかた》を着た美しい女性たちが、卓球ラケットを構えて私たちに声をかけてきました。

母親ぐらいの三人の女性で、お風呂上がりにお酒でも飲んだのか、ほんのりと顔が赤らんでいました。当時もてないクンだった私たちが、女性にこんな声をかけられたのは初めてで、年齢を気にしなければ、まんざらな気分ではありませんでした。

当然予定などはなく、私たちは喜んで挑発に乗りました。

ただ、私は卓球など、まったくの初めてでした。

「あんた、弱っちいのねぇ。帰宅部？」

「そうです。栄光の帰宅部」

お酒が入って気が大きくなっているのか、三人の女性の浴衣は少しゆるんでおり、旅先とはいえ外を歩きにくい角度にV字に開いていました。

「構え方が全然なってないわ。こう」

その中の一人、いちばんテンションの高かった女性が、なんと私の背後に回り、抱きつくようにして手を取ったのです。

「こうやって、こう、ボールを叩くのよ」

私の手を強く握り、手首を返してボールを打ち返す練習を繰り返してきます。

風呂上がりの女性のいい香りが背後から立ち昇り、予期しない興奮に包まれてしまいました。加えて胸まで押しつけてくるので、緩い浴衣を通じて女性の胸のふくらみが背中に当たっています。動くたびに、それが悩ましく揺れるのを感じていました。

「おねえさんたち、ずいぶんテンション高いスね」

連れの一人が、女性を見て言いました。

「さっきおじいさんたちの集団のお客さんがいてね、こんなふうに言われたの。『おい、女子大生のお姉さんたち、わしらの酌をしてくれんか』って。丁重にお断りしたけどなるほど、と思いました。それこそまんざらではなかったのでしょう。

「優子《ゆうこ》ちゃん、そろそろ地獄の特訓終わりにしない？　その子、困ってるじゃない」

浴衣越しのやわらかな女性の肉体を背中いっぱいに感じ、私は不覚にも勃起していました。その当時の私は、ごく平均的に歳の近い女性が好みで、いわゆる〝熟女〟には興味がなかったので、自分の下半身の反応にとまどっていました。

「優子さん、ご指導ご鞭撻《べんたつ》、ありがとうございました」

茶化した口調で、聞いたばかりのその女性の名前を口にして言いました。

田舎の旅館の夜は早いというのを、その夜、思い知りました。

午後十一時で完全消灯。その遊技場も真っ暗になったのでした。

深夜、喉の渇きを覚えた私は、寝ている二人の連れを起こさないよう、そっと部屋を出ました。暗い廊下を忍び足で進み、真っ暗な中、遊技場にあった水道で少し喉うるおそうと思ったのです。

長い髪の女性の人影が動くのを見て、危うく絶叫するところでした。

「あら、さっきの」

私の背後で卓球を教えてくれた女性の声でした。

「さっきはありがとうございました。おかげで金メダルが射程に入りました」

ドキドキは去りませんでしたが、私は軽口をきいていました。

「どうしてこんなところにいるんですか？」

自分の説明はせずに、そう聞きました。

「あなたともう一度練習するためでしょ？　約束したじゃない」

予期しなかった返しなので、言葉に詰まりました。

黒っぽい人影はそっと近づいてきました。暗闇に目が慣れてきて、窓から入る月明りで、旅館の安っぽい浴衣がえらく官能的に見えました。

「あなた、かわいいわね」

妖しい雰囲気に心臓が高鳴りましたが、優子さんはすぐに妙なことはせず、私の浴衣の胸元を両手で引っぱり、しゃんとしてくれました。

「おしゃべりな私のお友だち、今回の旅行の理由とか言ってた?」

「そこまでは聞いてません」

「私ね、先月離婚したの。その慰《なぐさ》め旅行なのよ」

さすがに言葉が継げませんでした。優子さんはまるで息子のスーツをチェックする母親のように、私の正面に立ち、腕にふれたり袖を引っぱったりしました。

「お友だちには感謝してるし、あなたたちみたいな若くて無邪気な男の子たちを見てると、なんだか元気がわいてくるわ」

動きや笑い方は、年上女性らしい、いい意味での上から目線でしたが、まなざしに不安があるのがわかりました。私と目が合うたび、一瞬すぐ下に逸《そ》らすのです。

「こんなオバサン、いやかしら?」

この静けさでないと聞き取れないほど小さな声で、優子さんは言いました。

月の光で青白く光る優子さんの顔は、背筋が寒くなるほど美しく見えました。うまいたとえではないでしょうが、幽霊のようにきれいで儚いものに見えました。

「優子さん、きれいです……」

現金なもので、私の股間はすでにビンビンに硬くなっていました。二十一歳のそのときまで童貞だったので、こんな距離に女性がいる状況自体が初めてだったのです。

優子さんは見上げるようにして顔を近づけてきました。

吸い寄せられるように、私は唇を重ねました。

高い鼻が邪魔なので、しぜん、双方顔を傾けるものだな、とそんなことをふと思いました。

俺、こんなきれいな女の人とキスしてる！　キスを始めて数秒がたち、私は内心で叫びたかったのを覚えています。

両手を優子さんの背中に回しました。浴衣越しに肉感的な感触が腕に伝わってきました。ふれることのできない幽霊のような印象だったのに、おそろしく弾力的で、なまなましい触感でした。

「優子さん、さっき卓球の練習してくれたとき、背中に胸が当たっててドキドキしてたんです」

私は背中に回した手を下げ、お尻を手のひらで包み、なで回しました。

「あら、そんなこと考えてたの。恥ずかしいわ。私はたぶん、あなたのお母さんぐらいの歳なのよ」

お尻をなでていることにはふれず、優子さんは私の胸でくぐもった笑い声を洩らしました。

安物の薄い浴衣越しに、優子さんのパンティラインまでなぞることができました。

その手をそっと、やはり浴衣越しに優子さんの胸に当てました。

「そう、この胸です。すごくやわらかい……」

平易を装《よそお》っていましたが、声が割れていたので、激しく動揺していたのが優子さんにはわかっていたでしょう。全身の血が沸騰したように興奮していたのです。

「ああ、男の人にさわられるのって、久しぶり……別れたダンナとは、何年もしてなかったから」

聞かれもしないことを、優子さんはうっとりとした口調で言いました。

浴衣越しでしたが、女性の乳房のやわらかさに、私は恍惚《こうこつ》としていました。マシュマロというより、つき立てのお餅みたいなさわり心地でした。

「おにいさん、名前は？」

「洋平《ようへい》です。門脇《かどわき》洋平」

「うふふ、洋平君、逞しいわ。息子がいるんだけど、抱き締めたら、こんな感じなのかしら」

怖いことを言う人だ、とちょっと思いました。

「息子さんって、いくつですか？」

「二十二。私、ちょっと訳アリで早く子ども産んだから」

「ぼくは二十一ですよ。ぼくより大きい息子さんがいるんですか」

驚いてちょっと顔を離し、月明りに青白く光る優子さんを見つめました。

「そう。やっぱりこんなオバサン、イヤかしら？」

「優子さん、きれいです。ぼくが再婚したいぐらい」

そう言うと、優子さんは顔を離し、なんとも言えない表情をしました。

「あら……あらぁ、オバサンをからかうもんじゃないわ……」

まんざらでもなさそうな、ひどく切ない顔つきでした。

お尻をなでていた手を前に回し、浴衣の上から手のひらを優子さんの股間に当てました。感触はまさにYの形で、女性にはペニスがないというあたりまえの事実に、ひどく興奮してしまいました。

「ああん、ダメよ、立ってられなくなる……」

アダルト動画でしか聞いたことのないトーンに、私の欲情はさらに高まりました。

しかし、へっぴり腰になったのは私のほうでした。

「んあっ？」

カチカチになっていた私のペニスを、優子さんが浴衣の上から握ってきたのです。

「うふふ、こんなに硬くしちゃって」

まるで、母親にオナニーを見られたような恥ずかしさを覚えました。

「でも、うれしいわ、洋平君。私で、こんなに硬くしてくれて……」

浴衣の上から、じらすようにゆっくりとペニスをこすってきました。

「だめです、優子さん……出てしまう」

みっともない敗北宣言でしたが、素直に口に出たものでした。

「洋平君、ひょっとして初めて？」

「はい……」

これも、母親に精通を報告するみたいに恥ずかしかったものです。

優子さんは、私を見つめながら喉声だけで笑い、肩を一方ずつすくめて浴衣を脱ぎました。

巨乳が、やや重力に押されて下を向いていました。スタイルがいいとは思っていましたが、さすがにお腹は少しお肉がついていました。浴衣は、これだけの静けさでないと聞こえないぐらい、儚い音を立てて床に落ちました。

「きれいです……」

うわずった声で私は言いました。月光を受け、青白く輝く女性の裸体、ＡＶでもあまり見ないシーンです。

「若い男の子に言われると恥ずかしいわ。さ、あなたも……」

私はあわてて自分の浴衣も脱ぎ去りました。一秒ほど悩んでから、トランクスも脱ぎました。

「じゃあ、私のパンティ、脱がせてくれる？」

微笑みながら小首を傾げ、かすかな声で優子さんは言いました。

私は優子さんの前にしゃがみ込み、パンティと対峙《たいじ》しました。このときだけ、明るい照明の下で見たかったと思ったのを覚えています。

両手でパンティの腰ゴムに手をかけました。パンティは白で、薄暗がりの中でも、レースが施されているのがわかりました。エッチすぎず、シンプルすぎないパンティが、逆に生活感があってなまなましく感じたものです。

女性のパンティを脱がせる。わかっていただけると思いますが、童貞には大きな峠です。静寂の中、自分の心臓の音が体の中を通って聞こえてくるほどでした。

「あん、あはっ、やっぱり恥ずかしい……」

優子さんはわずかに腰を引きました。私はパンティにかけた手で、それとなくまっすぐ立たせました。

「子どもさんがいるぐらいなのに、恥ずかしいんですか？」

「真剣な顔してそんなとこ見られちゃ、恥ずかしいわよ」

私の愚問に、優子さんは几帳面に答えてくれました。

青白く光る下腹部に、陰毛が黒い炎のように上を向いていました。窓から指す月の光で陰影がつき、女性器のデリケートなふくらみがくっきりと浮かんでいました。

「ああ、優子さんの、オマ○コ……」

パンティを膝まで下げたところで、我慢ができなくなりました。卑語を口に出して言うと、顔をそっと性器に近づけ、匂いをかぎました。

「んふん、なにしてんのよ、ヘンタイ君……」

また腰を引こうとしましたが、生のお尻を後ろから押さえて引き戻しました。温泉上がりなので、お湯と石鹼の清潔な匂いしかしませんでした。そしてかすかに、女性の分泌物の生っぽい匂いもありました。

チロリと舌を出し、陰毛に隠された複雑な造形を舐めました。

「あん、やんっ……！」

まるで女子高校生のように高い声が出て、優子さんは体を〝く〟の字に折りました。

「もう、いたずらっ子なんだから……洋平君、立って」

私がゆっくり立つのと同時に、今度は優子さんがしゃがみました。

「立派なもの持ってるのに、いままで使ってなかったのね」

完全に勃起したペニスに向かい、優子さんは上機嫌に笑いました。息子の成長を喜ぶ母のようでもあり、童貞少年をからかう悪女のようでもありました。

うっとりした顔つきで両手でペニスをつかみ、頬ずりしてくれました。

「んふふ、私の息子も、こんなかしら」

危ない趣味を持った人かもしれない、とふと思いました。

優子さんはゆっくりと呼吸しながら、ペニスを左右の頬にこすりつけ、ときおり舌を出して舐め、軽く噛んできたりしました。なぜゆっくり呼吸したのかがわかるかというと、湿った吐息が私の陰毛にそよいでいたからです。

「ああん、おいしそう……」

これが女性の声かと思うほど低い声で優子さんは言い、ペニスをまっすぐ正面から時間をかけて呑み込んでいきました。

見おろすと、真下に優子さんの頭頂部が見えています。女性から人生初のフェラチオを受けることに、経験したことのない征服感を覚えました。部屋でぐっすり寝ている二人の友人に、強い優越感を覚えたものです。

「優子さん、すごく、いいです……」

私は奥歯をかみしめて言いました。当然ですが、ペニスが受ける感覚は、慣れた自分の右手とはまったく異なりました。優子さんがゆっくりと顔を前後させてくれるさまは、まるでもどかしさを自分で楽しむオナニーのようでした。

気持ちよさとは別の征服感と優越感は、ＡＶのフェラチオシーンではけっして抱かなかった感情です。

「優子さん、ありがとう。もう……」

昂る気持ちに、射精感が近づいていました。このまま口に出してしまいたい欲求もありましたが、あまりにももったいないと思ったのです。

んふふと笑いながら、優子さんはペニスから口を離しました。名残惜《なごり》しそうに亀頭の先にチュッとキスまでしてくれました。

薄暗い遊戯室の床に、優子さんは二人分の浴衣を敷くと、そこにゆっくりとあおむけになりました。そうして「いらっしゃい」と両手を挙げました。

体を重ねると、体温の高い女性の肌にふれ、ブルッと体が震えました。当然ですが、これほどの面積で女性の肌にふれるのも初めてで、肌感覚という意味でも、ＡＶではわからなかった感覚です。

「どうすればいいか、わかる？」

「あ、いえ……」

童貞ですが、認めるのはちょっと悔しかったのを覚えています。

「私に任せて。いくわよ……」

「んんっ……」

至近距離で目を合わせたまま、優子さんは私のペニスを握ってきました。そして腰をもぞもぞと動かし、自分の性器に導いたのです。

「ほら、わかる？　ここが女の人の――」

最後は口の形だけで「オマ○コよ」とささやきました。

「ここに、入れていくの。できる？」

腰に力を込めていくと、ペニスが熱くて圧のある壺に入っていくのがわかりました。余裕の上から目線だった優子さんが目を閉じ、眉根にシワが寄りました。

「優子さん、ヌルヌルで気持ちいい……」

「あとは、わかるわね？　エッチなビデオとかで知ってるでしょう」

童貞男子のオナニーライフを見透かされているようで、またも母親にツッコまれているような羞恥を覚えたものです。

人生初のピストン運動を始めました。ＡＶで覚えたというより、本能的な動きだったと思います。

「ああ、優子さん、気持ちいい……」

本能に身をまかせ、すぐにピストン運動は最速になりました。小さなきっかけで、すぐにでも射精できそうでした。ピストンから一泊遅れて、ユサユサと揺れる乳房が目に焼きつきました。

「んんっ……洋平君、ちょっと止めて。ストップ！」

声を喘がせつつ、優子さんは制止してきました。すぐにでも射精したかったので、不本意な気分で私はピストンをゆるめました。

「一度、抜いて。反対側からやってみましょう。たぶん、それですぐにイクと思うわ」

気怠《けだる》い動きで優子さんはうつ伏せになり、お尻を高く上げました。

「どこに入れるかはわかるわよね？　お尻に入れちゃダメよ」

細いウエストから、大きな矢印のようなお尻が私に向いていました。月光を受け、青白く輝く大きなお尻は私の性体験の原風景となり、いまでも大切な心の写真です。

尻肉は妖しく光っていますが、お尻の割れ目は真っ暗です。私は目をこらしながら性器にペニスの先を当てました。

「んんっ……そこ、そこよ。ゆっくり来て」

青白いお尻に両手を当て、ペニスを埋没させていきました。

「ああ、これ、さっきよりも狭い。気持ちいい……」

責めているほうなのに、私は顎を出していました。

「それで、さっきみたいに……」

アドバイスする優子さんの声も、うわずっていました。

ピストン運動を始めると、あきらかに締めつけがちがっていました。

「ああっ！　これっ……気持ちいいっ！」

「硬いわっ、しょうた——洋平君っ！　ああ、若い子って、やっぱりいいわっ！」

しょうたって誰と思いました。もしかすると優子さんは、息子さんとセックスしているのを想像しているのかもしれない、そう思った瞬間、射精が起こりました。

「んああっ……出るっ、出ますっ！」

腰を突き出し、歯を食いしばり、激しく射精しました。

最後の吐精を受けると、優子さんはどさりと床に転がりました。

「どう、気持ちよかった？」

「はい……ありがとうございます」

遊戯室の床で横寝になって向かい合い、私はやや場違いなお礼を口にしました。しょうたが誰なのかは、怖くて聞けませんでした。

「私たちは明日の朝、早く出るの。あなたたちはゆっくりしていきなさいね」

子どもをあやすように、私の頭をなでてくれました。

翌朝、私たちが起きると、すでに優子さんたちはチェックアウトしたあとでした。むろん、その後一度も会えていません。

優子さんは、私の女性の好みに深刻な影響を与えました。母親ほど年の離れた女性にしか興奮できなくなったのです。私の妻は、私よりも先に還暦を迎えますが、夜の生活はさらに増えているぐらいなのです。

優子さんには、感謝の気持ちしかありません。

第二章 我を忘れて互いの痴態を曝け出す男女

日本縦断自転車の旅で体調を崩した私
親切な熟妻の豊潤ボディを嬲って……

鵜飼光一　会社員・三十四歳

いまから十数年前の話です。私は当時、九州の南の端の大学に通っていたのですが、ふと思いついて自転車で日本列島縦断に挑戦してみたんです。

まだ若くて体力に自信はあったし、「日本縦断中」というプラカードを自転車につけていると、まるで芸能人みたいにみんながチヤホヤしてくれるのが楽しくてたまりませんでした。

それで毎日野宿をしながら順調に北上していたのですが、箱根の山を越えたあたりで疲れが出て、猛烈に体調が悪くなってしまいました。

それでいちおう、屋根のある場所でと思ってバス停で横になっていたら、地元の主婦らしき人に声をかけられました。

「お兄さん、大丈夫？　具合が悪いんじゃないの？　私の家はすぐ近くだから休んでいきなさいよ」

　見ず知らずの人に甘えるのは抵抗がありましたが、もう本当に体が限界だったので、お言葉に甘えてその人の家で横にならせてもらいました。そしたら、ホッとしたのか、すぐに眠りに落ちてしまいました。しかも、すごく深い眠りに……。

　次に私が目を覚ますと、すぐ横で奥さんが本を読んでいるんです。集中しているらしく、私が起きたことに気づきません。

「すみません、僕、どれぐらい寝てたんでしょうか？」

　声をかけると、奥さんは驚いて小さく飛び上がってしまいました。そして私を見て、大きく安堵《あんど》の息を吐くんです。

「よかったわ。もう丸一日、眠ったまんまだったのよ。このまま一生目を覚まさないんじゃないかって心配しちゃったわ。顔色もよくなったし、元気になったみたいね」

　そう言って笑うんです。そのとき初めてよく見ると、奥さんは四十代半ばぐらいの熟女なのですが、笑顔がかわいくて、色が白くて、少しぽっちゃりしているところが妙に色っぽくて……。

　そんなことが頭をよぎったとき、奥さんの視線がチラチラと私の股間に向けられていることに気づきました。野宿生活でオナニーもほとんどできなかったので、かなり溜まっていたんだと思いますが、そのときの私はすごい朝勃ち状態で、それを奥さんに見られてしまったのでした。

あわてて布団で隠しましたが、一向に勃起が収まる気配はありません。それに尿意がすごかったんで、私はトイレに駆け込み、いったんスッキリさせてもらったのでした。

そのあといろいろ話を聞いたところによると、彼女は予想どおり人妻なのですが、旦那さんは出稼ぎに行っていて、もう二カ月も一人っきりで暮らしているのだとか。

「だから、家に自分以外の人がいると賑《にぎ》やかで楽しいの。ゆっくりしていって」

そう言われて、その日はいっしょに夕飯をいただくことになりました。

久し振りの来客でうれしいからと、奥さんは腕によりをかけてご馳走を作ってくれました。空腹だった私は、むさぼるようにその料理を食べつづけました。そして、ある程度食欲が満たされると、今度は性欲がムクムクと頭をもたげはじめたんです。

女性と二人っきりで食事をする状況は久し振りですし、奥さんはふとした仕草がすごく色っぽいんです。いちおう、起きてすぐにオナニーをして一回射精していましたが、そんなのは若い男の性欲を前にしたら、まったく意味のないことです。

奥さんの胸をもみたい。お尻をさわりたい。首筋の匂いをかぎたい。あそこを見たい。そして……そして……。

次々に卑猥な思いが込み上げてきて、食事をしながらも、私の股間はずっと硬くなったままなんです。奥さんもそんな私の頭の中が透けて見えるのでしょうか、食卓にはなんだかぎこちない空気が流れてしまうのでした。

せっかく厚意で泊めてくれたのに、奥さんに対して欲情してしまっている自分に、私は猛烈に罪悪感を覚えてしまうのでした。

「ごちそうさまでした。すごくおいしかったです」

「やっぱり人といっしょに食べるとおいしいわね。特に、いっぱい食べてくれる若い男の子と食べるのって最高よ」

そう言うと、奥さんは食事の後片づけを始めました。その後ろ姿……というかお尻を見ながら、私のペニスは痛いほどに勃起してしまうのでした。

このままだと過ちを犯してしまいそうで、そろそろ出ていったほうがいいかなと私は考えていました。すると、洗い物を終えた奥さんが戻ってきて、私に尋ねるんです。

「このあとどうする？」

「……そうですね。昨日はアクシデントでしたからともかく、女性一人の家に泊めてもらうのも申し訳ないんで、僕はまた旅の続きに出ようかなと」

「なに言ってるのよ。外はもう日が暮れてるわ。もう一泊していきなさいよ。私は全然迷惑じゃないし、それに、なんなら一宿一飯の恩義っていうの？　それの恩返しをしてくれてもいいのよ」

「恩返し……ですか？　でも、僕は貧乏旅行ですし」

「お金とかそんなんじゃないの、私が言ってるのは……」

奥さんの視線が私の股間へ向けられました。そこは節操もなく、そのときもまだ勃起した状態だったんです。

「え？　まさか……」

私が驚いて見つめると、奥さんは恥ずかしそうに頬を赤らめるんです。

「わかりますか？」

「さっきからずっと、大きくなったままでしょ？」

「それだけ盛り上がってたらわかるわよ。だから、それを使って恩返しして欲しいの。女にこれ以上、言わせないでちょうだい。それとも、こんなオバサンなんか相手にできない？」

奥さんは顎を引き、上目づかいに私を見つめるんです。

「そんなわけないです！　僕、奥さんを見ながら、ずっとムラムラしてたんです！　そんな不純なことを考えちゃいけないと思ったけど、奥さんはすごくきれいで色っぽいから、自分を抑えられなくて……」

「うれしいわ。私だってあなたを見ながら、ずっとムラムラしてたのよ」

奥さんが言うには、旦那さんと会えない日々が続いていたため、欲求不満が溜まっていたそうなのです。

当時の私は知りませんでしたが、女性は四十代ぐらいがいちばん性欲が高まる年代と言われているらしいので、そんな時期に旦那さんと離ればなれの生活を送るのは、たいへんなことだったのでしょう。

もちろん最初に声をかけたときには、行き倒れの若者を助けようとしただけだったようですが、私がずっと股間を硬くしているものだから、奥さんもだんだん変な気分になってきたようなのです。

でも、私とそういうことをしたいと思ってくれるのだとしたら、そんな幸せなことはありません。なにしろ私は、奥さんとエッチなことがしたくて、たまらなかったのですから。

「じゃあ、よろしくお願いします」

「まあ、改まっちゃって。かわいいわ。こちらこそ、よろしくね。せっかくだから、お布団を敷くわね」

奥さんは部屋の真ん中に布団を敷きました。その様子を見ながら、いまからこの人とセックスするんだなと思うと、猛烈に興奮してきました。

私はいちおう、女性経験はありましたが、ほんの数えるほどでした。大学に入ってすぐに同い年の女性とつきあい、数回セックスをしたのですが、彼女はあまり満足できなかったようで、向こうから別れを切り出されてしまったんです。

それがトラウマになり、以降は誰ともつきあったことはありませんでした。というか、女性が苦手になっていたんです。

だけど、奥さんを前にすると、なんだかすごくリラックスできるんです。それはきっと歳の差のせいです。奥さんは甘えても大丈夫という空気を漂わせているのでした。

「さあ、こっちへ来て」

奥さんは布団の上に正座すると、私を手招きしました。そして、すぐ目の前に立った私のズボンとブリーフを無造作におろすんです。

そのとき、勃起したペニスの先端がブリーフに引っかかってしまいました。奥さんがそのまま引っぱりおろしたものだから、勢いよくペニスが飛び出して、下腹に当たってパーンと大きな音が響いたんです。

「まあ、すごいことになってるわね。欲求不満の人妻には刺激が強すぎるわ」

奥さんはまぶしそうに目を細めました。私のペニスは、まっすぐ天井を向いてそそり立ち、自分でもあきれるぐらい力をみなぎらせているんです。

「すみません。僕……」

「謝る必要はないわ。元気なほうがうれしいんだもの」

奥さんはそう言うとペニスをつかみ、その硬さを確かめるように、強く握りしめるんです。たったそれだけの刺激で、私のペニスはビクンビクンと脈動してしまうのでした。

「はあぁぁぁん。すごく硬いし、すごく熱いし……もう、たまらないわ」

手を数回上下に動かしてペニスをしごくと、奥さんはペニスの根元から先端にかけて舌を何度も往復させて、亀頭の鈴口をほじくるように舐めるんです。それは、経験したことがないぐらいの快感でした。

私がうっとりと目を細めていると、奥さんはペニスを先端からパクッと口に咥え込みました。そのとたん、口の中のあたたかな粘膜がねっとりと締めつけてきて、私は思わずうめき声を洩らしてしまいました。

「ううう……奥さん、気持ちいいです。あううう……」

でも、それはまだ序章にすぎませんでした。奥さんが口の中の粘膜で締めつけながら首を前後に動かしはじめると、さらに強烈な快感が私を襲ったのです。

前述したように、私は同い年の女性と数回セックスをしたことがあるだけだったんです。彼女もいちおうフェラチオをしてくれましたが、かたちだけのもので、奥さんのフェラチオは段違いに気持ちいいんです。

その熟練のフェラチオに、私は悲鳴のような声をあげてしまうのでした。

「お、奥さん、うううっ……気持ちいいです……あああっ……」

そんな私の反応に気をよくしたのか、奥さんは唾液を鳴らしながら、さらに激しくペニスをしゃぶりつづけました。

だけど、奥さんはただがむしゃらにしゃぶるだけじゃないんです。ちゃんと、ペニスのカリクビのところが、唇から出たり入ったりするようなしゃぶり方をするんです。

そこはペニスの中でもいちばん敏感な部分です。男の体を知り尽くしたそのフェラチオは、まさに熟女の真骨頂です。女性経験の少ない私が、そんなすごいフェラチオに長く耐えられるはずはないんです。すぐに限界が近づいてきました。

「あ、だ、ダメです、奥さん……うううっ……気持ちよすぎて、僕……あああ、もう出ちゃいそうです。ううう……」

不意に奥さんはペニスを口から出し、私の顔を見上げながら優しく言いました。

「そんな泣きそうな顔をしなくても大丈夫よ。こんなに元気なんだもの。一回ぐらい射精しても、すぐにまた硬くなるでしょ？」

「ええ……まあ……たぶん……」

たぶんどころか、絶対に硬くなる自信はありました。だって、目の前にいる美熟女とセックスできるわけですから、一度出したぐらいで勃たなくなってしまうなんて、考えられないことだったんです。

奥さんはすぐにまたペニスを咥え、首を前後に動かしはじめました。その動きに合わせて、ブラウスの下の乳房がゆさゆさ揺れているんです。

その眺めはいやらしすぎますし、口の中に出すというのも魅力的な話でした。もちろん私は、口内射精など未経験でした。

そのことに猛烈に興奮し、おいしそうにペニスをしゃぶる奥さんを見おろしながら、私はあっさりと限界を超えてしまったのです。

「ああっ、奥さん、もう……もう出そうです。あああ、で、出る……出る出る出る……うっううう！」

私が低くうめいた瞬間、ペニスがビクンと激しく脈動し、尿道を熱いものが駆け抜けていきました。すると同時に、奥さんも苦しげにうめくんです。

「はっ、うぐぐっ……」

それは、精液が喉奥まで飛び散ったからです。苦しそうな奥さんの顔を見おろしながら、私はドピュンドピュンと精液を放ちつづけました。

そして、大量に射精して落ち着いた私は、ゆっくりと体を引きました。

「お……奥さん……すごく気持ちよかったです」

唾液と精液にまみれたペニスが、奥さんの口からぬるぬると抜け出て、最後に唇と亀頭が長く糸を引きました。

奥さんは精液がこぼれないように唇を閉じ、うるんだ瞳で私を見上げました。そして、次の瞬間、ゴクンと喉を鳴らして、精液を全部飲み込んだんです。

「お……奥さん……あああ、すごい……」

まさか精液を飲んでくれると思っていなかった私は、思わずため息を洩らしてしまいました。

「飲んじゃった。ほんと、エッチな人妻よね」

自嘲《じちょう》するように言うと、奥さんは唇の周りをぺろりと舐め回すんです。それはもう想像を超えた卑猥な情景です。

頭の中が真っ白になるぐらい興奮してしまい、気がつくとペニスは下腹に張りつくほどもそり返っているんです。それは射精前よりも、さらに力をみなぎらせているのでした。

「え？　いま、あんなにいっぱい射精したばかりなのに……」

「すみません。奥さんがエロすぎて……」

「もう入れたくてたまらないって顔をしてるわね。だけど、その前に前戯をしてもらってもいいかしら？　もうずっとセックスしてないし、こんなに大きくて硬いものをいきなり突っ込んだら、アソコが裂けちゃうかもしれないから」

「もちろんです。今度は僕が奥さんを気持ちよくしてあげますよ。だから、こんなものは全部脱いじゃってください」

私は奥さんに襲いかかるようにして、服や下着をすべて剝ぎ取りました。

「あああん、もう、乱暴ね。このあとは優しくしてくれなきゃダメよ。女の体は繊細なんだから」

全裸になった奥さんは、手で胸と股間を隠しながら布団の上に座って私を見上げ、鼻にかかった甘ったるい声で言うんです。

「はい、わかってます。だから……奥さんのオマ○コを見せてください！」

元気よく返事をすると、私は奥さんを布団の上に押し倒し、両膝の裏に手を添えてグイッと押しつけました。マングリ返しの出来上がりです。

「はああん、いや……ダメよ、こんな格好、恥ずかしいわ。はあああぁ……」

そう言いながらも、奥さんはされるまま陰部を突き上げた姿勢をとりつづけているんです。まんざらでもないということが、若い私にもわかりました。

「ダメじゃないですよ。よく見せてくださいよ。ああ、すごくきれいだ……」

私は奥さんのオマ〇コを、じっくりと観察しました。

陰毛は薄めで、陰部は色白な肌から想像していたとおりの淡いピンク色なんです。色だけならまるで少女のオマ〇コのようなのですが、ご主人が吸うのが好きなのか、左側のびらびらだけ伸びきってしまっていて、それがまた熟女の魅力とでも言うのでしょうか、すごくいやらしいんです。

しかも、なにもしないでも小陰唇がぱっくりと開き、その奥の膣口までが丸見えなんです。そしてそこは、溢れ出る愛液でキラキラ光っているのでした。

「マン汁が、どんどんわき出てきますよ」

「だって興奮しちゃうんだもの。こんな卑猥な格好で奥まで見られてると思うと、ああ……アソコがムズムズしちゃうわ。ねえ、舐めて。いっぱい舐めて」

「わかりました。こんな感じでいいですか？」

私はマングリ返しにした奥さんの割れ目を、ベロベロと舐め回しました。

「あああん、すごい。いやらしいわ。あああん、舐めてるところが見えるの。はああん、興奮しちゃう。あああん、もっと……もっと舐めてぇ」

割れ目全体を舐めるだけでも、奥さんはヒクヒクとお尻を動かすのですが、やはりクリトリスの上を舌がすべり抜けた瞬間が、いちばん反応がいいようです。

だから私は徐々に、クリトリスを重点的に舐めはじめました。すると奥さんは狂ったように喘ぎ声を張りあげるんです。

「あっはあああん！　いい……気持ちいい……あああああん！」

「やっぱりここが好きなんですね？　じゃあ、もっとしてあげますよ」

私はクリトリスに食らいつき、チュパチュパ吸い、舌先を高速で動かして舐め回してあげました。

「あっはあああん……いや……そ、それ……はあああっ……気持ちいい……あああん、気持ちよすぎて私……もう……もうダメ。やめて！　ああああっ……」

悲鳴のような喘ぎ声を出して、奥さんは私をはね除けようとしました。でも、私はしっかりと奥さんをマングリ返しの体勢で押さえつけたまま、さらに激しくクリトリスを舐めつづけたんです。

「はああっ……い……イク……あああん、もうイキそうよ。あああああっ……」

「いいですよ。遠慮しないでイッてください」

いったん顔を離してそう言うと、私はまた激しくクリトリスを責めつづけました。

「あああっ……イク……イク、イク、イク……あああん、イッちゃううー！」

奥さんはすごい力で私をはね除けて、布団の上で体を丸めてしまいました。

「イッたんですね？　僕のクンニ、どうでしたか？」

「すごく気持ちよかったわ。それに恥ずかしい格好で舐められて、むちゃくちゃ興奮しちゃった」

ぐったりしている奥さんを見ながら、私のペニスはピクピク武者震いを始めてるんです。

「奥さん、そろそろこれを入れてもいいですよね？」

奥さんはうっとりした目でペニスを見つめ、ゴクンと喉を鳴らしました。

「入れて……鵜飼《うかい》君のその逞しいオチ○チンで、奥のほうをかき回してぇ」

奥さんは布団の上で股を開き、私のほうに両手を差し出しました。その胸に私は飛び込み、ペニスの先端をとろけきった膣口に押し当てました。

すると、まるでイソギンチャクが獲物を捕らえるときのように、奥さんのオマ○コは私のペニスを呑み込んでいったんです。

「はあぁぁん、すっごく奥まで入ってくるぅ。んんん……」

奥さんは下から私を抱き締めて、切なげに言うんです。そして力を込めているのか、膣壁がグニグニうごめくようにして、ペニスを締めつけてくるんです。

「おっ……奥さん、これ……ううう、気持ちいいです」

このままじっとしているだけでもイッてしまいそうです。だけど私はさらなる快感を求めて、ペニスを抜き差ししはじめました。しかも、ゆっくりと引き抜いていき、完全に抜けきる手前でまた根元まで挿入し、また引き抜きという動きです。

以前に恋人とつきあっていたとき、この動かし方だけはよろこんでもらえたんです。

「えっ、なに？　これ……あああん、気持ちいい……はあぁ……鵜飼君、すごいわ。あああん、す……すごい……あああん……」

奥さんは私の下で喘ぎまくり、そのゆっくりとした抜き差しを十数回繰り返したところで、いきなりビクンと体を震わせました。

「イッたんですか？」

「そ……そうよ。すごく気持ちいいの。あああん、またイク……あああん！」

一度イクと何度でもイッてしまう体質らしく、奥さんは私の下で何度も何度もイキまくりました。そのたびに、膣壁がきゅーっときつく締めつけてくるんです。

その狭くなったところに抜き差ししていると、私もイキそうになってきました。

もう、ゆっくりとしたストロークを続ける余裕はありません。徐々に腰の動きを激しくしていくと、敏感になっていた奥さんは狂ったようにイキまくるんです。

「あああ、ダメ、またイク……あああん！　いやいやいや……あああああん、イクイクイク、あっはあああん！」

その様子を間近で見ていると、私の腰の動きはさらに激しくなっていくのです。すると私の体の奥から、射精の予感がズンズンと込み上げてきました。

「ああ、奥さん……ぼ……僕、もうイキそうです。あああ……」

「いいわ、来て……いっぱい中に出してぇ！」

「中に？　いいんですか？」

「いいの……大丈夫だから、熱い精液を中にいっぱいちょうだい！　あああん！」

もちろん私は、中出しをした経験はありませんでした。だから、この色っぽい熟女のオマ〇コの中に射精することを想像したとたん、あっさりと堤防が決壊してしまったのでした。

「あああ、で、出る！　ううう！」

私がペニスを深く突き刺して腰の動きを止めるのと同時に、奥さんは体をのけぞらせて絶叫しました。

「あああああん！　イクウッ！」


翌朝、僕は奥さんの家を出ました。

「帰りには、また寄ったらいいわ」

「はい。絶対に寄らせてもらいます」

そう約束したのですが、北海道に着くと、もう一回自転車で南の端まで走る気力は残ってなくて、私は自転車と荷物は宅配便で送り、飛行機で九州まで帰ってしまいました。

あのとき、自転車で南下してもう一度奥さんとセックスしたかったなあと、ときどき思い出すのですが、やはり一回きりだから、こんなにいい思い出として心に残っているんだろうという気がするのです。

温泉旅行で仲直りした四十路熟女社員　浴衣を着せたままで背徳のナマ挿入！

山内大樹　会社員・三十三歳

私は、とある事務機器のメーカーに勤めています。

職場には女性も多いのですが、男性社員にとってはうれしいことばかりではありません。仕事上の人間関係では、男女間のトラブルのほうが圧倒的に多いのです。

それこそちょっとしたきっかけで、女性社員に嫌われてしまったり、職場にいづらくさせられてしまったという話がいくつもあります。

私も過去に、そういった人間関係のトラブルに直面してしまいました。

きっかけは、一年前のことです。

私は仕事の休憩中に、同僚の男性社員と雑談をしていました。そのとき話題に上がっていたのは、よくある女子社員の品定めです。

誰が美人だとかスタイルがいいとか、そういったたわいもない会話のなかで、同僚にこう言われてしまったのです。

「そういえばおまえってさぁ、年上好みだったよな。もしかして、田上《たのうえ》さんみたいな人がタイプなんじゃないの？」

田上さんというのは、私よりも十歳も年上の四十三歳の独身女性です。

顔は確かに美人なのですが、プライドが高くて性格もキツく、男性社員からは煙たがられていました。

それに輪をかけて、いつまでも自分が美人で高嶺の花だと思い込んでいるのでしょう。どこか男を見下したような態度も、嫌われている原因の一つでした。

私も年上の女性は嫌いではありません。本心で言えば、田上さんのことも性格は別にして、けっして嫌いなタイプではありませんでした。

ただ同僚の前ではそう思われてしまうのがイヤで、ついムキになって否定してしまったのです。

「そんなこと、あるわけないだろ！　興味ないよ、あんなおばさん」

ところが、それからしばらくして、田上さんの私への態度がいちだんと厳しくなりました。

ちょっとしたことでクレームをつけ、それ以外でも私だけにあたりがキツくなったのです。同僚からも「おまえ、何かあったのか？」と心配されるほどでした。

もっとも私は、その前に同僚と交わした会話など、すっかり忘れてしまっていました。こんなものに原因があるなどとは、夢にも思っていなかったのです。

そうして私と田上さんの関係が悪くなって、半年が過ぎようとしていました。

春先になると、我が社では毎年社員旅行が企画されています。恒例になっている温泉旅行には、もちろん私も田上さんも参加していました。

ただ、いっしょに旅行をしているからといって、仲よくなるきっかけが特にあるわけでもありません。私たちは相変わらず冷え切った関係のまま、昼間は別行動をしていました。

旅行の目玉はもちろん温泉です。そして夜には社員一同での大宴会が開かれ、全員が無礼講で大いに盛り上がりました。

ところが宴会が終わり、自室の大部屋に戻りかけていたときです。

「ねぇ、ちょっといい？」

声をかけてきたのは、なんと田上さんでした。それもふだんは見せない機嫌のいい笑顔で、私を皆から離れた場所に誘い出してきたのです。

連れていかれたのは、宿の庭にある物置の陰でした。そこは宿泊客はおろか、従業員でさえ夜には近づかないような場所でした。

そのときは彼女も浴衣姿だったのですが、やけに色っぽく感じました。

それもそのはずです。宴会場で見たときよりも、浴衣の胸元を大きくはだけさせていたのです。

浴衣の下には何も着ていないようで、胸元どころか胸の膨らみまでのぞけています。

よく見れば帯もかなりゆるんでいて、あと少しでほどけてしまいそうでした。

私は思わず彼女を凝視してしまい、生唾を飲み込みました。

「ふふっ、どうしたの？　そんなに私のことを見て」

「あ、いや……」

ふだんとまるで違う態度だけでなく、妖しい色気を漂わせている彼女に私はとまどいました。

「山内《やまうち》くんって、どういう女性が好みのタイプなの？」

「えっ、まぁ……どういう人かっていうと、やっぱり家庭的な人とか思いやりのある人とか」

「じゃあ、そういうタイプだったら、年上でもいいってこと？」

「まぁ、そうですね。はい……」

彼女は、次々に質問を浴びせてきます。

まるで自分ではどうかと、積極的に誘惑をしてきているようでした。いや、誘惑そのものでした。

それればかりか、彼女は私の目を引くかのように、さりげなく浴衣の胸元に手を入れてみせました。はずみで大きく胸元がはだけ、豊かな膨らみだけでなく乳首までチラッと見えてしまったのです。

「あら、やだ。見えちゃった？」

恥ずかしそうに隠す仕草に興奮した私に、彼女は追い打ちをかけてきました。

「なんだかお酒を飲んだから体が熱くて……ちょっと酔っちゃったみたい」

「だいじょうぶですか？」

足元をふらつかせる彼女に、私はためらわずに手を差し伸べました。

多少わざとらしく感じましたが、腕の中で体がもたれかかってくると、そんなことはどうでもよくなります。甘い香りとやわらかな体の感触に、私の股間も硬くなりました。

どうしようか、このまま手を出していいものか……私がそう迷っていたときでした。

「ほら、やっぱり。人のことあんな悪口言っといて、ちょっと気を持たせれば、もうこれだもの」

彼女の突然の豹変に、私は驚きました。

すぐさま彼女は私の手を払いのけ、浴衣の胸元を直していつもの不機嫌な顔に戻りました。

ようやく私も、彼女が演技をしていたことに気づきましたが、こんなことをする目的がさっぱりわかりません。

「ちょっと待ってくださいよ。なんですか、その悪口って」

「とぼけないで。ちゃんと聞いてたのよ。私のこと興味ないだとか、おばさんだとか、さんざん言っていたでしょう」

言われて、ようやく私も半年前の同僚との会話を思い出したのです。

まさか、あの会話が彼女の耳に入っていたとは思いませんでした。だとすれば、ずっと彼女は恨みを抱えていて、私に復讐する機会をうかがっていたのでしょう。

ともあれ、まんまと罠にはまってしまった私としては、非常にばつが悪い思いでした。

反対に彼女は、私の鼻を明かしてやったと、得意げになっています。このままでは、これまで以上に職場で小バカにされるのは確実でした。

収まりがつかなくなった私は、ついカッとなって彼女の腕をつかんでしまいました。

「あら、なにこの手は？　もしかして私のこと、ここで襲おうっていうの？」

まだ彼女は余裕の態度で笑みを浮かべています。まさか私が、こんな場所で襲う度胸があるとは思っていないのでしょう。

しかし私は強引に彼女を壁に追い詰め、逃げられないようにしてやりました。

「えっ、ちょっと待って……やだ、本気なの？　ウソでしょ？」

ようやく彼女も、私が本気だと気づいたようです。私の手は彼女の浴衣をつかみ、思いきりはだけてやりました。

「やっ……！」

胸が露《あらわ》になると、あわてて彼女は両手で隠しました。

もしこのとき彼女が悲鳴でもあげていれば、私も冷静になったかもしれません。

こんな場所で同僚の女性社員を襲っていたなんて、バレてしまえばたいへんです。下手をすれば、警察沙汰になっていたかもしれません。

ところが彼女は、胸を手で隠すだけで、じっとおとなしくしているのです。大声を出そうと思えばできるはずなのに、そんな素振りさえ見せません。

それを見て私は、彼女を壁際に追い詰めたまま、浴衣そのものを強引に脱がせてしまいました。

浴衣の下に身につけているものはショーツ一枚です。私を誘惑するためとはいえ、そんな格好で男と二人きりになったのだから、それなりの覚悟があったのでしょう。

「やめて、お願いだから……謝るから許して」

裸にさせられ絶体絶命の危機なのに、相変わらず彼女は小声で許しを請《こ》うだけです。

私もここまできてしまえば、もう後戻りはできません。今度は彼女を後ろ向きにさせ、背後から胸をわしづかみにしました。

これまでの鬱憤《うっぷん》も含め、多少強めに胸をもんでやります。ふっくらとサイズもあるだけに、なかなかのもみ心地でした。

「おとなしくしてくださいよ。騒いだら人が来ちゃいますよ」

「わかった、ちゃんと言うことを聞くから……」

彼女は、すんなりと私の言葉を聞き入れてくれたのです。

いつもの怒りっぽい彼女とは別人のようでした。ちょっと強く迫られただけで、ここまでしおらしくなるとは意外でした。

それをいいことに、私はいやらしく首筋に舌を這わせます。もう彼女は抵抗しないので、やりたい放題です。

熟女の体のやわらかさと、ただよってくる甘いフェロモンに、私も興奮しっぱなしでした。

「ん……んんっ」

ところがしばらくすると、彼女が甘い声を洩らしはじめたのです。

それればかりか、指でさわっている乳首も硬くなってきています。

「あれ、もしかしてもう興奮してきてませんか？」

私の問いかけに、彼女は何も答えませんでした。

なおも乳首をいじりつづけると、とうとう彼女は「あんっ」と、はっきり喘ぎ声を出したのです。

「ほら、やっぱり感じてるじゃないですか」

「だって……男の人にこういうことされるの、久しぶりなんだもの。あんまりからかわないで」

恥ずかしそうに彼女は言います。美人でプライドも高い性格だけに、自分が男日照りだとは知られたくはなかったのでしょう。

さらに意外だったのは、あれほど性格がキツくて人あたりも強かった彼女が、一転してこびを売るような態度を見せはじめたことです。

お尻をくねらせ、私の下半身にこすりつけてきます。両手も背中にいる私の腰をつかんで離れないようにしていました。

ははぁ、これは最初から私に抱かれるのを期待して、わざと挑発をしてきたんだな……と、私は気づきました。

でなければ、少し感じさせてやっただけで、ここまで淫らに豹変したりはしないはずです。いくら私のことが憎たらしくても、性欲は別物だということでしょう。

私は彼女の期待にこたえるように、勃起したペニスをお尻に押し当ててやりました。

「あっ、すごい……」

浴衣越しにでも、ペニスの感触に彼女は気づいたようです。

ますます彼女は発情したように、大胆にお尻をこすりつけてきました。

しかし、そう簡単には抱いてやりません。もう少しじらして、どこまで淫らな姿を見せてくれるか確かめたかったのです。

私が手を下半身に移動させると、彼女もすぐさま足を開いてくれました。

まずは、下着の上から軽く股間をなでてやります。

するとそれだけで、彼女はぴくんと体をふるえさせました。もどかしそうに、私の腰を手でさすってきます。

私はあせらずに時間をかけて、下着の中に指をもぐり込ませました。

驚いたことに、下着の内側はすでにぐっしょりと濡れていました。股間の部分が、ぬるぬるとした液で生温かく湿っていたのです。

「すごく濡れてますよ。ほら、もうこんなに」

愛液を指でこすりつけながら言うと、彼女はますます恥ずかしそうにしていました。

それでいて体は、快感にしっかり反応しています。指を股間の奥に挿入してみると、クイクイと締めつけてくるのです。

「あっ、ああっ……気持ちいいっ、すごく」

指の動きに合わせて、彼女のお尻も小さく揺れはじめました。

あまりの色っぽさに、私は我慢できずに彼女の唇を強引に奪ってしまいました。

唇の中に舌を入れてみても、彼女は素直に舌を絡めてきます。もう私が何をやろうと、すべて受け入れてくれそうです。

それならばと、私はいったん指を引き抜き、浴衣を脱ぎ捨てました。

彼女と同じく裸になり、勃起したペニスを見せつけると、彼女はすっかり目を輝かせていました。

「しゃぶってくれませんか？」

ふだんの彼女ならば、けっして聞き入れそうにない頼みです。しかしこの日は少しもためらわず、私の足元に屈み込んでくれました。

「あんまり顔を見ないでね……恥ずかしいから」

そうとだけ言うと、すっぽりとペニスを咥え込んでくれたのです。

たちまち私は、快感にのめり込んでしまいました。

言葉とは裏腹に、彼女のフェラチオはとても積極的です。口いっぱいに頬張ったペニスを、いきなり強く吸い上げてきました。

さらに舌を絡みつかせ、顔を大きく上下に揺すってきます。いったん唇が動きはじめると、まったくペースが落ちることもありません。

これほどまでにいやらしくペニスにしゃぶりつかれると、逆に私に見せつけているのではという気もしてきました。

しばらく彼女のフェラチオを楽しんでいると、近くの通路から人の話し声が聞こえました。

私はビクッとなりましたが、彼女はかまわずに口を動かしつづけています。どうせ見えない死角にいるのだからと開き直っているようです。

最初に手を出したのは私でしたが、すでに彼女のほうが私を離すまいと、必死になっている状況です。

こうなれば、抱いてやらないと彼女は満足してくれないでしょう。万が一のことになる前に、彼女とこの場所でセックスをすることにしました。

「いちおう聞いておきますけど、本当にいいんですね？　もう止めませんよ」

「いいに決まってるじゃない。こっちはさっきから我慢の限界なんだから」

早くも彼女は地面に腰をおろし、足を開いています。

もちろん、コンドームなど持ち合わせていません。彼女も生で入れられるのを承知で、私を誘っているのです。

濃い繁みにおおわれた股間に、まずはペニスを軽くこすりつけます。

じらされていると思ったのか、彼女は腰を浮かせて「お願い、早く入れて！」とねだってきました。

それならばと亀頭を一気に押し込むと、ぐぐっとペニスが締めつけられました。

「あぁんっ！」

挿入した瞬間のあまりの声の大きさに、私はあわてて彼女の口をふさぎました。

それほど彼女も、大きな快感を得ていたようです。つながった私に下から抱きつき、腰をこすり合わせてきました。

いざ抱いてみると、彼女の膣の具合はなかなかのものでした。締まり加減も悪くないし、入れたままにしておくと微妙なうねりを感じることができます。

それに私が腰を動かそうとすると、彼女の喘ぎ声も大きくなってきます。

「あんまり大きな声を出すと、これ以上してやりませんよ」

「わかった、静かにするから止めないで」

ようやく彼女も、声を抑えてくれるようになりました。

心配する必要がなくなった私は、手加減をせずに腰を打ちつけてやりました。

一突きごとに快感が込み上げてきます。四十代の熟れた体が、これほどすばらしいとは思いませんでした。

彼女にとっても、私とのセックスはたまらなかったのでしょう。久々に男に抱かれた悦びが、表情からも伝わってきます。

すっかり私が夢中になって腰を振っていると、彼女からこんなおねだりが飛んできました。

「ねぇ、このまま私にちょうだい。あなたの精子」

思いがけない言葉に、私は腰を止めてしまいました。

「それって、中に出していいってことですか？」

「だいじょうぶ、生理は終わったばかりだから。ねぇ、欲しいの。出して、出して」

まさかセックスに飢えていただけでなく、中出しまで好きだったとは。会社で見せる姿からはまったく想像がつきません。

ただ相手は未婚の年上女性です。妊娠させてしまったらと思うと、さすがにリスクが大きすぎます。

私はためらいましたが、しつこくせがまれているうちに、気持ちがぐらついてきました。

止めておいたほうがいいだろう。いや、一回だけならば……と、最後は誘惑に負けてしまったのです。

「いいですね、いきますよ！」

私が声をかけると、彼女もうれしそうに応じてくれました。

「うん、いっぱい出して……はああっ！」

すぐさま射精がはじまりました。それを彼女も感じとったのか、私が離れないように足を絡めて腰を密着させてきました。

締めつけてくる膣の中に射精をするのは最高の気分です。すべて出し尽くしてしまうまで、快感にひたりながら彼女の体の温かさに包まれていました。

こうして社員旅行で結ばれた私たちは、翌日から関係が一変しました。彼女のほうからニコニコと近づいてきて、機嫌よく挨拶をしてくれるようになったのです。険悪だった私たちの仲を知っている同僚たちは、一様に驚いた顔をしていました。いったい何があったんだと、わざわざ聞きにくるほどでした。

さらに仕事が終わると、彼女から頻繁にデートの誘いが来るようになりました。どうやら彼女は、私のことを本気で気に入ってしまったようです。それに、結婚できるラストチャンスでもあります。

何度も体を重ねているうちに、私も熟女の魅力にはまってしまいました。

正直、結婚など考えていませんでしたが、もしかすると気が変わってしまうかもしれません。

史跡巡りで意気投合した熟女未亡人
完熟の牝孔を心ゆくまで堪能して……

三宅洋貴　会社員・四十歳

一年前に十四歳年下の妻と結婚したとき、若い嫁をもらったと友人たちから散々うらやましがられて、私は鼻高々になっていました。

妻は職場の後輩で、なにかと相談に乗ってあげているうちに親しくなりました。

彼女と結婚したいと思うようになってから、旨いものを食べに連れていったり、高価なプレゼントを贈ったり、かなりがんばったと思います。

彼女が喜ぶ顔を見るとうれしかったし、頼られることで、若い男との違いを見せつけていたのです。

そんなふうに接するうちに、妻はどんどんワガママな甘えん坊になってしまいました。子どもを作らないのも、彼女の意向です。

子どもが出来たら自分が遊べなくなるし、私に甘えられなくなるのがイヤだと言うのです。それでも私の愛撫を欲しがり、週に三回は求めてきます。のろけているように聞こえるかもしれませんが、実はこれも結構しんどいのです。甘やかしすぎたせいか、妻はほとんど男に奉仕するということを知りません。いつも私が、一方的に妻の体をかわいがるのです。

最初のころは、敏感に反応する姿を見て盛り上がっていましたが、ぜいたくなもので、いつしかそれにも慣れはじめ、ときには寝たふりを続けるようになりました。

そんな妻が少し前に、友人と海外旅行に出かけました。本当は私と行く予定だったのですが、以前そこにつきあったとき、長い買い物に辟易《へきえき》した記憶があったので、友だちと行ってきなさいと送り出したのです。

妻が不在になると、さびしい気持ちもありましたが、反面、解放されたような気分にもなりました。

そこで、せっかくだから一人の時間にしかできないことをしようと思いついたのです。向こうも旅を楽しんでいるのだから、自分も旅に出てみようと考えました。

私は昔から史跡めぐりが好きで、よく一人で出かけたものでした。結婚してから妻を誘ったこともありましたが、「興味ない」とにべもなく断られてしまって以来、行く機会もなくなっていたのです。

思いつくとワクワクしてきて、さっそく宿をとり、出かけました。アジサイの終わった時期のせいか、思いのほか空いていて静かに散策することができました。

そんなふうに、カメラ片手にのんびり散策するのが本来の自分の旅のスタイルなのです。何度か訪れた場所なのに楽しくて仕方がなく、やっぱり自分はこういう場所が好きだなとしみじみ思いました。

妻と出かけるのは、流行《はや》りのテーマパークや、賑やかな観光地ばかりでした。知らずしらずのうちに、若い妻に合わせて無理をしていた自分に気づいたのです。

夢中で歩くうちに、午後を回っていました。

人けの減った食堂で昼食をすませていると、五十歳くらいのご婦人が目に留まりました。一人で来ているらしく、旅慣れない様子で、一所懸命地図を見ていました。

ああ、自分の知っている穴場など、いくらでも教えてやりたいな、そんなふうに思いながら眺めていると、目が合ってしまったのです。

すぐに目を逸《そ》らして店をあとにしましたが、そこから少し歩いた先の寺院の前で、再び彼女と出くわしたのです。

案内掲示板と地図を見比べながら、きょろきょろしていた彼女も、私の姿に気づいたようでした。

「あれ、先ほどもお会いしましたね。お一人ですか？」

声をかけると、日傘の下からのぞく瞳が、真っ直ぐに見つめ返してきました。

「ええ」と控えめに微笑む目尻には、優しそうなしわが刻まれていました。

近くでじっくり見てみると、昔はモテただろうなと思わせる、くっきりとした目鼻立ちをしていました。

正直、彼女に会うまで、年配の女性を異性として意識したことはありませんでした。女は若いに越したことはないという考えの持ち主だったのです。

若い女を手に入れたからこそ生まれた、新しい好奇心だったのかもしれません。

「行きたい場所があるのだけれど、わからなくなってしまって」

そう言って助けを求めるように見つめてきた彼女に、案内を買って出ていました。

ほんの少しの手助けをするつもりが、彼女があまりにも興味深そうに聞いてくれるものだから、ついついウンチクを傾けていました。

しばらく並んで歩くうちに、互いの境遇なども語り合っていました。彼女は、自分の趣味でもないのに、亡くなったご主人の好きだったその場所を訪れていたのです。

「昔、いっしょに来たのに全然覚えていなくて。親切な人と会えてよかったわ」

そのけなげさを知り、私の趣味を理解しようともしない我が妻と比べてしまいました。

ご主人が最も好きだったという場所にたどり着くと、少女のように目を輝かせていました。遺影の横に飾ると言って、写真を撮りはじめた彼女にカメラを向けました。

「ぼくが撮ってあげます。あなたも写っていたほうが、ご主人も喜びますよ」

そう言ってレンズをのぞくと、遠慮なく彼女の姿を見つめることができました。

色白の頬はなめらかできめが細かく、ぽっちゃりした体型の中にあるくびれは、胸や尻の大きな膨らみを際立たせていました。

若い妻の健康美とは対照的な、豊満な体つきを見ているうちに、だんだんといやらしい気持ちがわいてきました。

きちんとした身なりをしているだけに、その中身の、崩れた肉体とのギャップを想像してしまったのです。

五十代には五十代なりの色気というものがあるんだなあと、そのとき初めて知りました。

柔らかな物腰の彼女のたたずまいは、私の好きな風景にぴったりとなじんでいて、ますます好感を持ってしまいました。もしも、この場に妻を立たせたとしても、まるで絵にならないだろうと思えました。

その後もしばらくいっしょに歩き回るうちに、別れてしまうのが惜しくなりました。するると、向こうも同じ気持ちだったようで、夕食に誘われたのです。

「主人と行った、おいしいお店があるの。今日のお礼に、ご馳走させてもらえないかしら」

思いがけぬ誘いに、二つ返事でオーッケーしていました。

妻が不在のこのときを逃したら、よその女性と二人きりで食事する機会などそうそうないと思いました。

「若い奥様に叱られちゃうかしら」

妻のことを話したせいか、少し気にしてくれた様子でしたが、そのときはそれ以上の下心などなかったので、「大丈夫」なんて軽く答えていました。

落ち着いた雰囲気の店で、あらためて旅の出会いに乾杯しました。

控えめなのに、大胆に誘ってくるところなど、やはり年の功だなと思いましたし、彼女の持つ包容力のおかげで、少しも緊張せずに会話が弾みました。

ありのままの自分を受け止めてもらうことは、とても心地のよいものでした。

打ち解けて話すうちに、少しお酒を飲んだせいか、ほんのり頬を染める彼女がひどく色っぽく見えてきました。

気がつけば夜も更けていたので、彼女をホテルまで送ることにしました。ロビーのところで帰ろうとしましたが、突然彼女が手をつないできたのです。お酒でトロンとした視線を向けながら「お部屋まで送って」と言われたのです。

部屋のドアを開けて、そこに入った彼女に最後の別れを言おうとしたとき、ぎゅっと抱きつかれていました。

「酔ったみたい。もう少しだけ、いっしょにいたいの……だめかしら?」

腕の中の彼女からは、昔、おふくろの鏡台で嗅いだ、甘ったるいおしろいのような匂いがしました。

私だって宿に帰れば一人ぼっちです。断る理由など何もないし、第一、抱きつかれた拍子に、盗み見ていた柔らかな胸の感触まで知ってしまい、スケベ心が治まらなくなっていました。

「こんなこと、普段はしないのよ。あなたが優しいから、つい人恋しくなったの」

部屋に入ると真っ先に、真ん中に置かれたダブルベッドが目に入ってきました。

再び彼女が抱きついてきたので、今度は私も力強くその体を受け止めました。すると、彼女が唇をすぼめてキスを要求してきたのです。

唇を合わせると、控えめだった彼女の様子が少しずつ変わってきました。

自分から唇を開き、そのすき間から舌をねじ込んできたのです。私も舌を伸ばして絡みつけ、唇を吸い合いながら、抱き締めた彼女の体をなで回しました。

ブラウスの背中には、ブラジャーの食い込んだ厚みのある贅肉がまんべんなくついていて、どこもかしこも柔らかな感触でした。

ゆっくりと腰のほうに手を回すと、キスをしながら「あ……ん」と、押し殺したような喘ぎ声を洩らしました。

きつく抱き合っていたせいで、膨らみはじめた股間の感触が彼女に伝わったようです。

「アァ、なんだか私、すごくエッチな気分。ねえ、服を脱がせてもいい？」

急な展開にドギマギしながらも、子どもみたいに立ち尽くしたまま、彼女に服を脱がされていました。

ゆっくりとした優しい手つきでシャツのボタンがはずされ、ズボンを脱がされ、トランクス一枚の姿になると、首筋や胸板にキスをされました。

普段ふれられることのない部分を唇で吸われると、ムズムズとくすぐったいような気持ちよさが走りました。

「ああ、気持ちがいい。でも、汗臭くないかな？　シャワーでも……」

そう言うと、首を振り、上目づかいに見つめてきました。

「気になさらないで。私、この匂いが好きなの」

汗の匂いが好きだと言う彼女に、ゾクッとしました。

「こちらへ」と手を引かれるまま、ベッドの上に横たわりました。

あおむけに寝た私の体をなで回しながら、唇を寄せてきた彼女の表情は、昼間とはまるで違う女のように見えました。

道に迷って立ち尽くしていたときは、どこか頼りない雰囲気だったのに、ベッドの上に乗ったとたん、堂々とした大人の貫禄を見せはじめたのです。

「こんなに素敵な旦那様を放って出かけるなんて、奥さまも不用心ね」

なんて言いながら、トランクスの上から硬くなったペニスをなでてきました。

「うわん、すごい。やっぱりお若いのね。奥様が、うらやましいわ」

そこをなでながら、脇腹や太もも、膝頭までペロペロと舐めてくるのです。

「あ、待って。僕ばっかり恥ずかしい。あなたも脱いでくれませんか？」

そう言って、彼女の胸元に手を伸ばすと、ようやく自分でブラウスとズボンを脱いで下着姿になってくれました。

「おデブちゃんで恥ずかしいわ。オバサンの体よ。あんまり見ないでね」

糊《のり》の効いた、清楚なブラウスの中に押し込まれていた贅肉が、ボワンと弾け出しました。

若い女がもったいぶるのとはわけが違って、本当に恥ずかしかったようです。積極的な愛撫をするくせに、どこかおくゆかしさを感じるのはそのためでした。

確かに、若い女のきゃしゃな下着姿とはまるで違う、迫力満点のボディでした。レースのブラにくるまれた乳房は、Gカップくらいあり、レースからはみ出さんばかりでした。

思わず手を伸ばしてもんでみると、指先がグニュッと沈み込むほどの柔らかさです。

「あ、いやん、待って。アハン、まだよ」

大きな尻を包み込んでいたのは、オバサン用のショーツでしたが、それが私には新鮮で、熟女のなまなましさに興奮を覚えました。

「私が先に、殿方にご挨拶するの。男性がその気にならないと始まらないもの」

そう言って、トランクスをずりおろしはじめました。ちょっと裸を見せれば男なんて勝手に興奮するだろうと思っている若い女とは、まるで様子が違いました。

股間に顔を寄せてきた彼女の顔から、一瞬笑みが消えました。真顔になってゴクリと唾を飲み込みながら見つめてきたのです。

「うわぁん。立派なのが、出てきたわ」

ニョキッと飛び出したペニスを握り締めると、すぼめていた唇を大きく開きました。ギンギンに勃起したペニスは、あっという間にすっぽりと彼女の口の中に押し込まれていました。

ヌルついたた唾液の感触と、這い回る舌の感触で、さらに勃起が激しくなり、喉の奥に突き刺さっていきました。

それでも彼女は少しも苦しそうな顔を見せず、それどころか、自分はまだ何もされていないというのに、恍惚《こうこつ》とした表情を浮かべはじめていました。

妻にお願いしたときは、すぐに苦しいと言って吐き出されてしまっただけに、言いしれぬ喜びがわいてきました。

しゃぶりつく彼女の頭が上下に大きく動きはじめると、巨乳もユサユサと波を打って揺れていました。

きれいにセットされていたセミロングの髪は乱れ、化粧はほとんど剝がれ落ちていましたが、夢中でペニスを咥える顔に、うっとりと見とれてしまいました。

「あふっ、あふっ、おいしいわ。こんなの、ひさしぶりよ。硬いの、好きよ」

彼女があまりにもうれしそうに舐めるので、こちらも遠慮なく大の字に寝ていました。そんなふうに扱われてみて初めて、受け身でしか味わえない快感を知ったのです。いつの間にか甘える子どものような気持ちになっていて、無防備な自分をさらけ出していました。

自分の快楽に没頭すると、すぐにイキそうになりました。

「まずいよ、ちょっと待って。そんなに激しくされたら、出ちゃう、ああっ！」

こらえる間もなく、口の中に放出していました。

それでも彼女は少しも怯《ひる》むことなく、むしろ満足そうな笑みを浮かべて、ゴクンと飲み込んでしまったのです。

「おいしいミルク、いっぱい飲んじゃった。ウフン……ねぇ、おかわりくださる？」

そう言って、脈打つペニスを再び口の中に含むと、残りの精液まで絞り出すような勢いでチュウチュウ吸いはじめたのです。

立て続けの二回戦など、もう何年もしたことはありませんでしたが、ねっとりと吸いついてくる唇の感触を受けつづけているうちに、すぐに硬くなりはじめました。

彼女はそれをようやく吐き出したかと思うと、今度は手でこすりながら、ふぐりに舌を伸ばしてきました。

「あん。舐めたいのに届かない。そうだわ、ワンちゃんの格好になって」

無邪気に言う彼女に抱き起されて、四つん這いの格好にさせられていました。妻にはしょっちゅうそんな格好をさせているけれど、自分がしたのは初めてです。

「こんなの、恥ずかしいよ。ちょっと待って、あ、うわ」

とまどう私になどお構いなしに、突き出した尻の間に頭を埋《うず》めてきた彼女は、スーッと息を吸い込みながら、ふぐりに吸いついてきました。

さらにそれを口の中で転がされ、同時に竿までこすられていると、味わったことのない快感に襲われました。

まさか自分が、出会ったばかりの女性の前で、そんな恥ずかしい格好をすることになるとは思ってもみませんでしたが、精液まで飲んでくれた彼女に対する甘えの気持ちがそれを許していました。

唾液まみれにされたペニスは、ふっくらとした手のひらの中でニュルニュルとすべりながら、さらに一回り膨張しました。

「すごい、また大きくなってきた。もっともっと気持ちよくなってくださいな」

私が興奮すればするほど、彼女の息づかいも荒くなっていました。

ふぐりに吸いついていた唇がゆっくりと移動して、肛門付近を舐めはじめました。

まさかそこまで？　と驚いているうちに、菊の門に舌先が刺さってきたのです。

襲いかかってきたくすぐったさに、あわてて腰を引きましたが、執拗《しつよう》に中までねじ込まれてしまいました。

以前、妻に同じことをしようとして怒られたことがあり、それは気持ちのよいものじゃないんだろうと勝手に思っていたのですが、とんでもありません。あまりの気持ちよさに、声が出てしまったほどです。

「ううっ、ちょっと、だめですって。ああ、僕、おかしくなっちゃう」

まるで女みたいなセリフだなと思っても、自然と口をついて出てしまいます。

だんだんとあらがうこともできなくなり、彼女に身をまかせながら尻を突き上げていました。

そうするうちに、もっと彼女に甘えたくなりました。

「はぁ、はぁ、おっぱい舐めたい、大きなおっぱいに埋もれたいよっ」

私は夢中で、子どものようにねだっていました。

彼女の体が、ようやく下半身から抜け出して、私の体を這い上がってきました。

パチンとブラのホックをはずす音がして、閉じていた目を開くと、目の前にたわわな乳房が差し出されていました。

まだふれてもいないのに、感度のよさそうな乳首が、ぷっくりと勃起していました。

「どうぞ。好きなだけ、吸ってください」

そう言って、添い寝する格好になった彼女は、私の頬にぶにゅっと乳房を押し当ててきました。

お腹を空かせた乳飲み子みたいに、手繰り寄せた乳房に夢中で吸いつきました。

乳首は吸われるのを待っていたかのように、ビー玉くらいの大きさまで膨らんでいました。口の中で転がすと、彼女の体がビクンと震えました。

「あっ、あっ、んはぁ！　気持ち、いい……はあぁ、おっぱいがとろけちゃう」

体の奥から絞り出すような、掠れた声でした。

私が舌を動かすたびに、乳房が大きく揺れ、むせるような喘ぎ声がこぼれました。

「ムフッ、ムフンッ、ンンッ。だめ、だめ、感じすぎちゃう」

乳房が顔面におおいかぶさってきて、ぺたぺたと頬に張りつきました。

タプン、タプンと優しく揺れる水風船のような感触に、どこかなつかしさを覚えて、自分から頬をこすりつけていました。

いつの間にか頭をぎゅうっと抱えられ、同時に下半身も、ずっしりとした太ももに押さえつけられていました。

興奮に汗ばんでいる太ももに、力まかせにペニスを押しつけ、腰を振っていました。乳房で視界がふさがれていたせいもあり、相手の反応も気に留めず、欲求だけにつき動かされていたのです。

ペニスが柔らかな肉に食い込む感触だけを、思う存分味わっていました。

「ん、ん、ああんっ……私も欲しくなってきちゃった」

彼女の声でふと我に返り、ペニスを押しつけていた太ももに手を伸ばしました。

そのとき初めて彼女の陰部にふれたのですが、ショーツの外までしみ出るほど、べっちょりと濡れていました。

「はぁ、ごめんよ。あなたもこんなに濡れていたんだ。いま、あげるからね」

そう言って、ショーツの中に指を突き立てると、彼女は温かな恥骨を押し当ててきました。

「ンアッ、こんなオバサンの体に、入れてくださるの？　うれしい」

若い妻がいると話したせいで、卑下する言葉を使わせてしまったのかもしれません。けれど、遠慮がちな言葉とは裏腹に、しっかりとペニスを握り締めた彼女は、ヌルついたヒダのワレメにそれを運びはじめていました。

陰部にすべり込んだペニスは、すぐにきつく締め上げられました。

もっと奥にねじ込もうと腰を突き上げましたが、彼女の体がおもしになって思うように動けません。

すると、彼女がゆっくりと腰を回転させはじめました。激しいピストンではなく、アソコの中でじっくりとペニスの形を確かめているような、そんな動かし方でした。

「ン、アァ……！　ンハァ、ンハ、んぐ…グッハァ……アン！」

若い女が出す「アン、アン」という甲高い喘ぎとは違い、地を這うようなうなり声をあげながらアソコを締めつけるのです。

そうされていると、ペニスにも、穴の中の細かなうねりがじっとりと伝わってきました。

その感触で、あっけなく二度目の射精に導かれていました。

恥じらい深く、男に尽くすようでありながら、終わってみれば、すべてが彼女の欲望のままに運ばれていたのでした。

いまもときどき、お忍びで史跡巡りをしながら彼女との関係を続けています。

待ち合わせ場所で、日傘をさしてたたずむ彼女を見つけると、うれしくて、つい駆け寄ってしまいます。そんな自分の姿は、まるで手なずけられた犬のようだと思いながらも、翻弄《ほんろう》される心地よさから抜け出せないのです。

第二章 旅人たちを惑わせる熟れた淫女の肉体

廃業を決めた熟女ペンションオーナー 最後の想い出に男性客へ淫靡なご奉仕

寺崎律夫　会社員・四十四歳

あれはもう、二十五年ほど前の話です。

場所は詳しく書けませんが、中学のころから家族旅行で利用していた、ある避暑地のペンションがありました。

珍しいケースでしょうが、私たち子どもが大きくなり、家族旅行をしなくなってからも、高校生のころから私は夏休みなどに一人で利用していました。

ご夫婦で運営されているおしゃれなペンションで、小さな森や小川があり、高地のため夏は涼しく、冬は美しい銀世界を望めるロケーションでした。

クマを連想させる髭を生やした旦那さんが料理を担当し、若い奥さんが宿泊客のサービスをするというスタンスでした。

大学一回のあるとき、私は三週間前に電話で予約し、一時間半をかけてそのペンションに向かいました。夏休みでも冬休みでもない合間の時期でしたが、レポートが早く終わったので時間が取れたのです。

なつかしい山林の香りとのどかな雰囲気に、私は心が躍っていました。

建物に着き、ノックをしてから入ると、奥さんの美穂子《みほこ》さんが当時の大きなデスクトップパソコンに向かっていました。

「こんにちは！　またご厄介《やっかい》になりにきました」

黒いシャツと短めの黒いフレアスカート、白いエプロンのいつもの装いでした。ペンションオーナーですが、どこかいわゆるメイドさんを意識しているようでした。

「ああ……寺崎《てらさき》さん、いらっしゃい」

なつかしい笑みと高い声で大歓迎してくれたのですが、美穂子さんはひと目でわかるほど疲れがにじんでいました。

「ありゃ、元気ないですね。どうしたんですか？」

客の気楽さで、私は笑みを浮かべて聞きました。

「じつは……みなさんに、お越しになってから詳しく説明してるんですけど」

衝撃的な話を聞かされました。

料理担当の旦那さんが、十カ月前に心臓の病で急死されたというのです。

一カ月間ペンションを休業したあと、奥さんの美穂子さんだけで運営しているとのことでした。

「すべてのお客様にお電話は差し上げられませんし、寺崎様のような常連のお客様には、最初のころに顚末《てんまつ》をＤＭで送っていたんですが……」

知りませんでした。あとからわかったのですが、母がセールスのＤＭだと思って捨てていたのです。

「繁忙期はやはり私一人では回せなくて。申し訳ないんですけど、お客様のご予約をお断りしたりして対応していたんです」

「それは……知らなかった。ごめんなさい。のこのこやってきてご迷惑ですよね」

三週間前予約の電話をしたとき、美穂子さんの声の元気のなさには気づきませんでした。

「いえいえ、すみません、湿っぽくなっちゃいけませんね。今日は逆にラクなんです。お客様が寺崎さんだけなので。ゆっくりしていってください。明日の午後、もうお一組来られるんですが、それまで貸し切りだと思ってください」

無理をしているのはわかりましたが、ずいぶん気持ちが救われました。

「私の手料理ですけど、ちゃんとお夕食も準備できてます。お一人なので、お部屋も大きいのを用意しましたわ」

そう言って、美穂子さんは人差し指を口の前で立てました。

「ありがとう、じゃあ……気持ちよくご厄介になろうかな」

「そうこなくっちゃ」

小柄でボブカットの美穂子さんは、コマネズミのように愛想よく動き、鈍重《どんじゅう》でのんびりしたイメージの旦那さんと好対照でした。

「美穂子さん、よかったら、夕食、いっしょに食べてもらえませんか？」

「あら、いいんですか？　うれしいわ。いまの時期は、お客様が何日もいない日もあって。そんな日は、すごくふさぎ込んじゃうんです」

案内された部屋は、カップルか少人数の家族の部屋でした。自分一人でここに通うようになってから、そんな大きな部屋は初めてです。

「広いでしょ？　ゆっくりなさっててください。お食事の用意をしてきます」

しばらくすると、美穂子さんが呼びにきました。私は客用のキッチンテーブルの、いつもの席に腰かけました。

「お客様といっしょに座って食べるって初めて。ほかのお客様にはナイショね」

沈黙はバツが悪いので、用意していた質問を口にしました。

「立ち入ったことを聞いちゃうけど、これからも一人でがんばるんですか？」

「……もうクローズしようと思ってるんです。じつはもう、買い手も決まってて」

早くも二の句が継げませんでした。

「うふふ、寺崎様がカノジョを連れてくるまでがんばろうと思ったんだけど」

こんな悲しい冗談は初めてでした。

「カノジョはいません。それと〝寺崎様〟はよしてくれませんか。二人きりなのに」

「あら、お客様とホストですよ？　では、なんとお呼びすれば？」

「ぼくは、律夫《のりお》です。呼び捨てでもいいですよ」

「じゃあ……律夫。うそうそ！　ごめんなさい！」

ワザと言ったくせに、あわてて顔の前で手を合わせるのです。昔から美穂子さんのこんな三枚目なところが大好きでした。

「ぼくにできることはないですか？　二人きりだし、客としての主張がしにくいよ」

「いえいえ、そんなことさせたら、天国の旦那に叱られちゃう」

また沈黙が訪れました。それを破ったのは美穂子さんでした。「律夫さんと呼んでいいですよね」と律儀に断ってから、やや言いにくそうにこんなことを言ったのです。

「あとでお風呂入りますよね……ヘンな意味じゃないんですけど、お背中、流しましょうか？」

十九年の人生でいちばん驚いた提案でした。

「で、でもぼく、男ですよ？」

最高に間抜けな返しをすると、美穂子さんも後に引けない顔になりました。

「だから、ヘンな意味じゃありません。最初に辛気臭い話をして申し訳なかったし、お客様は律夫さん一人だし。私も、いいサービスをしたいんです……」

サービスという言葉にエロい引っかかりを覚えましたが、口には出しません。

「じゃあ、お願いします……なんか、緊張しちゃうな」

「だめです。律夫さんが緊張したら、私はもっとテンパっちゃいます」

食事が終わると、私は自室に戻りました。ほかにお客はおらず、キッチンで洗い物をするカチャカチャという音が聞こえてきました。

背中を流す……美穂子さんはどんな格好で浴室に入ってくるんだろうと、予想外の展開にドキドキしていました。

「律夫さん、お風呂が沸きました。どうぞ」

「あ、はい」とうわずった返事をして、私は慣れた浴室に向かいました。

お風呂は温泉やヒノキ造りのぜいたくなものではなく、家庭用の三割ほど広い普通の浴室でした。家のときと同じくかけ湯をしてバスチェアに腰かけ、シャワーで頭を流しました。

「律夫さん、よろしいですか？」

後ろからおずおずとした美穂子さんの声が聞こえ、ゆっくりとサッシが開く音が聞こえました。シャンプーの途中でしたが、あわてて白いタオルで股間を隠しました。

「じゃあ、お背中、流しますね」

AVで聞いたセリフそのままの言葉が聞こえてきました。行ったことはありませんでしたが、風俗とはこんな感じなのかと思ったものです。

ソープを浸したタオルで、実に遠慮がちに背中をこすってきました。

「美穂子さん、どんな格好してるんですか？　その、急に振り返ったりしちゃいけない格好だと具合が悪いし……」

露骨な聞き方でしたが、押さえておく必要があると思いました。

「一秒だけ、振り返ってもいいですよ」

顔に垂れたシャンプーを手でぬぐい、私はおそるおそる振り返りました。そして、すぐ顔を前に戻しました。

美穂子さんは黒髪をアップにして白いタオルでくくり、下は大きな白いバスタオルを脇の下で挟んでいました。

「あの、もう一つ聞いてもいいですか？」

「ダメ」

断られましたが、その声は笑っていました。私の質問を察したのでしょう。バスタオルの下は裸なのか、下着を着けているのか。

「背中なんてすぐ終わっちゃいますわ。こちらを向いてください。前も洗います」

「え、それはちょっと……」

「ちゃんと二人とも隠してるじゃないですか。水着だと思ってください」

薄氷を踏む思いで、私はバスチェアの上で尻を半回転させ、振り返りました。

「バンザイしてください。あと、すみません、自然に呼吸してください」

緊張のさなか、小さく失笑が洩れました。動揺して息まで止めていたこともお察しのようでした。

白いタオルで股間を隠していましたが、すでに勃起していたので、西洋のお化けのようなふくらみになっていました。自分でもそれを見ないようにしていました。

「うふ、うふふふ」

たまりかねたように、美穂子さんが吹き出しました。

「どうしたんですか？」

「失礼しました。もう何年も、男の人の裸なんて見たことなかったので……」

旦那さんが亡くなったのは十カ月前と言ってたので、違和感を覚えました。

胸や腹を洗ってもらい、両手を指の先までていねいに洗ってもらっても、やはり時間にすればすぐです。

「美穂子さん、怒られそうな提案を思いついたんですけど」

「なんでしょう？」

美穂子さんは爪先を立て、立ち上がる寸前の正座のような格好で聞いてきました。

体にピッタリ張りついた大きな白いバスタオルは、ノースリーブの超ミニのワンピースのようにも見えました。行儀よく閉じたふとももの上に両手を重ね、私の発言を待っていました。

「よければ、ぼくも美穂子さんを洗いたいです」

勇気を出して言ったのに、玉砕でした。美穂子さんはキチンと手を重ねたまま、頭を下げました。

「せっかくのご提案ですが、さすがにちょっと……」

しかし、顔を上げた美穂子さんは少し笑っていました。

「律夫さん、立ってください。続きをやります。こんなもの取って」

「え、ちょっ……！」

制止する間もありませんでした。美穂子さんは私の股間を隠していたタオルを、あっという間に取っ払ってしまったのです。美穂子さんの手に導かれ、おずおずと立ち上がりました。剝き出しのペニスは、勇ましく屹立《きつりつ》していました。

美穂子さんはまったく気づかないふうで、ペニスを無視して尻やふともも、脚先と、下に向かって洗っていきました。

「……スケベな奴だと思ってるでしょう」

やや自虐を込めて開き直りました。

「思っていません。男の人のこうなってるのを見るの、ずいぶん久しぶり……あと、ここですね。痛かったら言ってくださいね」

私を見上げ、歯医者さんみたいなことを言ってから、美穂子さんはタオルでペニスをこすってくれました。軸棒とその裏側、玉袋までやさしくこすってきたのです。

「美穂子さん、もう一つ、ぜいたくなリクエストをしてもいいですか？」

「なんでしょう？」

「タオルじゃなくて、手で洗ってほしいって言ったら……？」

ダメ元で言いました。一度断られているので、気持ちはラクでした。

美穂子さんは黙って視線を落としました。当然断られたのだと思ったのですが、ちがいました。ソープで泡立ったタオルをそっと置いたのです。

「今日だけ、特別。本当はこんなことをするところじゃないっていうのは、わかってくださいね」

営業スマイルが消え、おそろしいほどまじめで低い声で言いました。

「わかってます。そもそもぼくも、小学生のころからここへ家族で来てるけど、勃起したのなんて、初めてなんだ」

ソープを手のひらにプッシュすると、美穂子さんは両手ですり合わせ、ゆっくりと私の勃起ペニスにふれてきました。

「あああ……気持ちいい」

くすぐったさと紙一重の官能がペニスを包んできて、つい声が洩れてしまいました。

「私は、ただ洗ってるだけですよ」

苦笑を浮かべた美穂子さんが釘を刺してきました。

そのわりには手つきはいやらしく、実にもったいぶった動きで、私を性的に喜ばせようとしているのが丸わかりでした。人生で初めて、自分の右手以外の手でペニスを刺激され、膝が崩れそうなほど気分が高揚していました。

握る力に強弱をつけたり、前後にこすったり、指先だけでなでてみたり、十本の細い指でペニスはヌルヌルと蹂躙《じゅうりん》されていました。

「美穂子さん、あの……出したくなっちゃったって言ったら……」

美穂子さんは黙ったまま立ち上がると、シャワーのノズルを握りました。そうして私の全身の泡を流していきました。無言で断られたのがなんとなく意外でした。

しかし、それもはずれでした。

泡を流し終えると、再び私の前にしゃがみ込みました。

「ホントに誰にも言わないでくださいね。旅館業法じゃなくて、風営法に引っかかるわ」

そう言って、また私のペニスをつかみました。握ってくれるのかと思ったら、私の浅ましい予感は三度裏切られました。

「おいしそう……」

聞き取れないほど低く、小さな声で言いました。私に聞かせるつもりなどなく、つい口から洩れた言葉だったかもしれません。

「え、ちょっと、美穂子さん……」

タオルの載った美穂子さんの頭が、私の股間に近づいてきました。腰を引きそうになりましたが、ペニスをつかまれているので逃げることはできません。

「んああっ！　あああっ」

腹の底からヘンな声が洩れてしまいました。

ペニスの全方位に、ヌメヌメした圧がかかっていました。自分でするのとはまったく感触が違い、性器を襲う気持ちよさに、立っているのもやっとでした。

タオルの載った美穂子さんの頭が前後に揺れました。お口でピストン運動を始めてくれたのです。

頭を前後に揺らしながら、ときおり美穂子さんは顔を上げ、私を見ました。

いかがですか？　と問うているような顔つきです。

踏ん張るために、私は腹に力を入れ、耐えていました。

美穂子さんは、私の腰を両手でがっちりつかみました。そして、怖ろしい勢いで顔を前後させたのです。

これはたまりませんでした。

「うあっ……あああっ！　ダメですっ、美穂子さんっ、出るっ！」

感触だけでなく、自分でコントロールできなかった点でも、オナニーとはちがうものだと思いました。

警告を絞り出しても美穂子さんの責めは弱まらず、かえって激しくなりました。

ついに、立ったまま頂点を迎えました。

私は体をそるようにして腰を突き出し、美穂子さんの口の中に射精したのです。

膝に力が入りませんでしたが、なんとか崩れずに立っていました。

ペニスにはなおも強い圧がかかっていました。口で締めるだけでなく、美穂子さんは両手を使ってペニスを強く握っていたのです。尿道に残る精液も一滴残らず、口に入れようとしているようでした。

やがて、ゆっくりと亀頭から口を離すと、美穂子さんは風船がしぼむような長い息を吐きました。

「ああ、なつかしい……この味、この匂い……」

やはり私に聞かせるつもりのない、まったくの独り言のようでした。

ふと我に返ったように顔を上げ、私と目が合うと、美穂子さんは恥ずかしそうに笑いました。営業スマイルではない、素の羞恥に満ちた笑みでした。

「すみません、みっともないところをお見せして」

「いえ……」

お互いに見当はずれの短い会話をすると、美穂子さんは再び、黙って私にシャワーを浴びせてくれました。言いようのないバツの悪い沈黙が流れていました。

「さあ、お風邪をひく前に、体をふいて、今夜はゆっくり休んでください」

とってつけたように言うと、自分はそそくさと浴室から出ていきました。

何かキツネにつままれたような気分でしたが、初フェラチオを受けた余韻が強く残っていて、ずいぶん長い間その場で立ち尽くしていました。

寝具代わりのジャージに着がえ、自室に入っても茫然《ぼうぜん》としていました。

もともと目的などない旅だったので、そのままベッドにあおむけに寝て、気持ちを整理しようと思いました。

ですが気持ちが乱れ、整理などできません。何度も寝返りを打ちました。

明日の朝、どんな顔をして美穂子さんと接すればいいのか、悩みました。

すると、控えめなノックの音がしました。誰かと考えるまでもありません。このペンションには、私と美穂子さんしかいないのです。

「どうぞ」

「あの、私的な服装なんですが、入ってもいいですか？」

扉が少し開き、美穂子さんはそんなことを言いました。

「気にせずどうぞ。ぼくだってジャージです」

入ってきた美穂子さんは、上下ピンクのパジャマでした。吹き出しました。なるほど、ふつうはお客の前に出られない格好です。

「すみません、こんな姿で……その、明日の朝、律夫さんがバツの悪い思いをされたらいけないと思って」

私と同じことを考えているとわかって、少し安心したのを覚えています。

「さっきは、思い余ってあんなことをしてしまって……いままでここにいらしてくださった思い出を汚《けが》したんじゃありませんか？」

家族で来ていたときも、一人で来るようになってからも、夕食後に美穂子さんや旦那さんが部屋に来ることはありませんでした。

「そんなことありません。最後に尻上がりにすごい思い出になったと思ってますよ」

パジャマのまま、美穂子さんは手を前で重ねて立っていました。いかにも、お客様におわびする姿勢でした。

ベッドに座っていた私は、隣を手のひらで指しました。少し会釈して美穂子さんは私の隣に腰かけました。

「ぼくが小学生のころからここに来てるけど、ずっと美穂子さんをきれいなお姉さんだと思ってたんです。周りの雰囲気もいいし旦那さんのお料理もおいしかったけど、ぼくが一人でも来るようになったのは、美穂子さんがいたからです」

「あら、うれしいわ。ありがとうございます」

「そんな美穂子さんに、あんなことしてもらって。正直、天にも――」

御託《ごたく》は最後まで言えませんでした。並んで座っている美穂子さんが、私の手を強く握ってきたからです。

心臓が跳ね上がりました。驚いて隣を見ると、息のかかるぐらいの距離で美穂子さんと目が合いました。こんなに近くで美穂子さんの顔を見たのは、むろん初めてです。

吸い寄せられるように顔を寄せ、キスをしました。

「美穂子さんっ……」

美穂子さんを押し倒すように、ベッドに横になりました。

「律夫さん、初めてですか？」

パジャマを乱暴に脱がし、乳房が見えたところで、かすかに笑みを浮かべながら美穂子さんが聞いてきました。

「はい……いろんな意味でドキドキしています」

余裕もないのに軽口を利き、私は美穂子さんのパンティに手をかけ、一気におろしました。白地に赤いリボンのついた、シンプルなパンティでした。

「昔、一度美穂子さんのパンティを見たことがあったんです」

「え？」

「家族旅行で来た小学生のころ。なんかの作業でしゃがんでいる美穂子さんを見たら、白いパンティが三角に見えたんですよ」

「あら、恥ずかしい」

「あれがぼくの、美穂子さんの原風景なんです」

覚えたばかりの原風景という言葉を使ったのを、よく覚えています。

「あのころのぼくに知らせてやりたい。もっとすごいことができるんだって……」

美穂子さんの恥毛は薄めで、黒いワイングラスのような形でした。室内の照明を受けて、おもらししたようにテラテラと光っていました。

ふとももを左右に開かせると、私は美穂子さんの股間に吸いつきました。童貞だったので、モザイクがかかっていないことに素直に驚いたものです。黒い恥毛の奥で、ピンク色の膣穴がいやらしく開いていました。なまぬるいエッチなお汁をズルズルとすすりました。

「ああん、お客様、いけません……」

テンパっている私の耳にも、これは自分に向けた小芝居だろうと気づきました。

美穂子さんの体を這うようにして体を重ね、またキスしました。

いつのまにか、美穂子さんの手が私のペニスに伸びており、自分も脚をもぞもぞ動かしていました。ペニスの先が、濡れたゆるい壺に入るのがわかりました。

「わかりますか？　このままゆっくり……来てください」

見つめ合ったまま、私は腰に細心の注意を払いつつ、埋没を進めていきました。

「ああ、美穂子さんの中、あったかい」

「んんっ、んんっ……ああ、久しぶり……」

顎を出し、つらそうに眼を閉じているのに、美穂子さんの口元には笑みが浮かんでいました。

最後まで挿入すると、ゆっくり前後運動を始めました。ＡＶで覚えたというより、ほとんど本能的な動きだったと思います。

女性と呼吸を合わせようなどという余裕はありません。人生初のピストン運動は、すぐに最速になりました。

「ああっ！　いいっ……いいわっ、律夫さんっ！」

目を閉じたまま、美穂子さんは顔を左右に振っていました。

「美穂子さんっ、ああっ……出るっ！」

万感の思いを込め、私は美穂子さんの膣奥で射精しました。

息を切らせながら、オナニーでは得られない充実感を覚えました。

「美穂子さん、もう一度だけ、ぼくを呼び捨てにしてくれませんか？」

美穂子さんはじっと私の顔を見つめ、言いました。

「聞き流すと約束してくださる？」

「えっと、はい」

ゆっくりと、しかし強い力で、美穂子さんは私にしがみついてきました。

「律夫、愛してるわ……」

その夜は結局、続いて二度射精を果たしました。

翌日の夕方、次の客と入れ替わりで私はペンションをあとにしました。

お互い連絡先を交換することもなく、美穂子さんが現在なにをしているのかはわかりません。

ペンションは人手に渡り、いまは資本力のある観光会社が運営しているそうです。

北海道旅行で知りあった二人の美熟女
宴会のあとに淫夢のような3P体験！

牧田慎一　会社員・二十九歳

これからお話する体験は、いまから二年前の夏のことになります。

四年間勤めたブラック企業を辞めたあと、私は気分転換に車で北海道一周旅行に行きました。

車を駐車場に置き、観光地を回っていたときのこと。

突然、土砂降りの雨に見舞われ、仕方なく土産物屋の軒下でしばしの雨宿りをしていると、となりに二人組の熟女が駆け込んできたんです。

さりげなく声をかけたところ、二人は高校時代の同級生で、子育てが一段落し、久しぶりの旅行を楽しんでいるのだと楽しそうに答えてくれました。

一人はややふっくらした猫目がチャームポイントの女性で、もう一人の女性は涼しげな目元が魅力的な控えめタイプ。そのときは、二人とも三十代後半かなと思ったのですが……。

雨が小降りになったあと、私は挨拶をし、小走りで駐車場に向かいました。

服はかなり濡れてしまいましたし、その日は奮発してちょっと高級な旅館に宿泊し、おいしい夕食に舌鼓を打っていました。

その最中に声をかけられ、顔を上げると、先ほどの猫目の女性がたたずんでいたんです。

偶然の再会にびっくりし、部屋飲みに誘われたときは、断る理由もないことから気軽にオーケーしました。

声をかけてきた陽子《ようこ》さんは朗《ほが》らかな笑みを返してくれましたが、やや離れた場所にいた奈津美《なつみ》さんはちょっと困惑しているように見えました。

もともと熟女には興味がありませんでしたし、最初は軽く一杯飲んでおいとましようぐらいの気持ちだったんです。

ところが、いざ宴会が始まると、これが意外にも楽しくて、かなり盛り上がりました。

年齢は教えてくれなかったのですが、子どもの歳や話の流れから推察すると、四十代前半だったのではないかと思います。

二人は浴衣姿で胸元からのぞく胸の谷間と甘い匂いに、男の分身が理屈抜きで反応しました。

それでもずいぶんと飲まされてしまい、お酒の弱い私は前後不覚に陥《おちい》り、そのまま寝込んでしまったんです。

どれほど熟睡していたのか、妙な気配を感じて目を覚ますと、いつの間にか布団に寝かされており、真っ暗闇の中、柔らかい手が私の股間をまさぐっていました。

窓から射しこむ月明かりで確認すると、相手は陽子さんで、彼女の向こう側には奈津美さんが背中を向けて寝ており、とんでもない状況に胸が高鳴りました。

まだアルコールが抜けきっていなかったことも、多分に影響していたのではないかと思います。

どうしたものかと思案する間もペニスはぐんぐんふくらみ、同時に理性が吹き飛んでいきました。

とうとう性欲を剝き出しにした私は、陽子さんの唇にむさぼりつき、浴衣の前合わせから手を入れ、豊かな乳房をもみしだき、はたまたヒップをなでさすりました。

「あっ、ンっ、ふぅン」

彼女は声は抑えていたものの、熱い吐息が絶え間なく洩れ聞こえ、もはや雨が降ろうが槍が降ろうが止まりそうにありませんでした。

はたして、奈津美さんは起きているのか、寝ているのか。

陽子さんの体を愛撫しつつ、なぜかそちらのほうばかりが気になってしまい、獣じみた性欲は少しも怯みませんでした。

当然とばかりに手を股の間に差し入れると、すでに女陰は愛液まみれの状態で、くちゅくちゅと卑猥な音が鳴り響きました。

「あぁ、いやぁ」

陽子さんは腰をよじったものの、ペニスを握り込んで激しくしごき、あまりの快感に私も腰をくねらせました。

「おおっ、そんなにしごいたら……イッちゃいますよ」

「あぁン、だめよ」

彼女は耳元でささやいたあと、身を起こし、悩ましげな笑みを浮かべました。そして私の下腹部に移動し、浴衣のすそをまくり上げてトランクスを脱ぎおろしたんです。

狭い場所に閉じ込められていたペニスがジャックナイフのように跳ね上がり、先走りの汁がびゅるんと翻《ひるがえ》りました。

「はあぁ、もう出ちゃってる」

「は、恥ずかしいです」

「おチ○チンは、そうは言ってないみたいよ」

陽子さんの積極的なふるまいを目にした限り、外見どおり、性に対して奔放な性格だったようです。

長い舌を突き出し、陰嚢から裏茎をベロンと舐められたときは、あまりの快感に両足を突っ張らせてしまいました。

彼女は人妻で、当然のことながらセックスの経験は豊富なはずです。

それがわかっていても、ねちっこい奉仕には目を見張り、期待感に背筋がゾクゾクするばかりでした。

陽子さんはペニスにソフトなキスを何度も浴びせたあと、すぼめた唇から唾液をツツッと滴らせ、亀頭を優しく咥え込んでいきました。

「む、むむっ」

ふっくらした唇が胴体をすべり落ちていくときの快感は、いまだにはっきり覚えています。

ねとねとの温かい口内粘膜がペニスをしっぽり包み込み、上下左右からやんわりも み込んでくるのですから、筋肉ばかりか骨までとろけそうな快美に、臀部がバウンドしました。

陽子さんはペニスを中途まで呑み込み、顔をゆったり引き上げるや、本格的な顔の打ち振りを開始しました。

コキュコキュ、くちゅ、きゅぷぷぷっと、ふしだらな音が室内に反響し、私の目は自然と奈津美さんに向けられましたが、相変わらず反応はありませんでした。

起きているのなら、男女が愛し合う音は聞こえているはずです。

多少なりともがっかりはしましたが、それでも性欲は怯むこともなく、私の全神経はすかさず陽子さんとの情交に注がれました。

「すごい……大きくて口に入りきらないわ」

「陽子さんのも、舐めさせてください」

「あン、だめよ。お酒飲んで、汗をかいてるんだから……きゃン」

私は有無を言わさずに襲いかかり、帯をほどき、浴衣をはだけさせ、ショーツを引きおろして足首から抜き取りました。

「……だめだったら」

熟女は股間を手で隠し、盛《さか》んに拒否していましたが、いまにして思えば、それほど力は入っていなかったと思います。

強引に股を割り開き、花園に顔を埋めると、女の匂いが渦を巻きながら鼻の奥を突き刺しました。

アンズの匂いに混じり、獣じみた媚臭が脳幹を刺激したとたん、ペニスがいっそう
そり返り、睾丸の中の精液が荒れ狂いました。

「やっ、やっ……あ、ン、はぁあぁ」

膣口を指で広げ、舌を左右に揺らし、ゼリー状の粘膜に続いてクリトリスを舐め回せば、豊かな腰がぶるっと震えました。

照明はついておらず、月明かりだけでしたので、秘園を目に焼きつけておけなかったのはいまでも残念に思っています。

とはいえ、あのときは野獣と化していましたから、初めて会った女性と、その日のうちに性交渉する幸運にありつけただけでも幸せでした。

「はあはあっ」

「ンぅ、やぁっ」

「も、もう……我慢できないかも」

切なげにつぶやくと、陽子さんも眉尻を下げ、小声で懇願しました。

「……入れて」

「避妊具、持ってないですけど」

「安全日だから大丈夫……早く、入れて」

まさに脳みそが爆発するような瞬間で、ペニスが限界ぎりぎりまでこわばりました。

私は肉づきのいい足の間に腰を入れ、滾《たぎ》る男の紋章を愛液まみれのあそこに押しつけたんです。

「む、むうっ」

ペニスがぬるぬるの膣の中に入っていく感触は、いまでも覚えています。

柔らかくて温かくて、ペニスが溶けそうな快感に肛門括約筋を引き締めました。

「ひうっ」

カリ首でいったん止まったペニスは、腰を突き出すと、さほどの抵抗もなく膣の中にズブズブと埋め込まれていきました。

熟女の肉洞はやけに熱く、絶えずうねりくねっていて、ペニスにねっとりへばりついてくるんです。

若い女性と次元の違う感触には、とにかくびっくりしました。

肌も柔らかくてギスギスしておらず、触れ合う肌がふんわりしていて、包み込まれるような感覚をずっと味わっていたいと思いました。

軽くスライドさせただけで、ペニスが媚粘膜にもみくちゃにされ、性感がみるみる上昇していきました。

「はあ、いいっ。あなたのそり返ってるから、カリが気持ちいいとこに当たるの」

「く、くくっ」

結合したばかりで、すぐに射精するわけにはいきません。

最初は緩やかなピストンで射精の先送りを試みたのですが、陽子さんはヒップを派手にくねらせ、ペニスをこれでもかと引き絞ってきたんです。

私は延々と奥歯を食いしばり、ひたすら暴発しないように自制していました。

「はうぅっ」

とうとう腰のスライドを止め、前屈みの体勢から彼女の唇を奪って気を逸《そ》らそうとしたのですが、次の瞬間、視界の隅にとんでもない光景が映り込みました。

背中を向けていた奈津美さんの肩がかすかに動いており、右手が股のつけ根に伸びているように見えたんです。

まさかとは思いましたが、私はキスをしながら横目で様子を探りました。

耳を澄ますと、かすかに湿った吐息が洩れ聞こえ、まちがいなく自慰行為にふけっていると確信し、新たな性のエネルギーがチャージされました。

「あぁ、いいい、気持ちいいい、もっと、もっと突いて」

インターバルを置いたことで、多少なりともペニスの疼きが失せ、私は緩やかなピストンを繰り返しながら機をうかがいました。

そして、ころあいを見はかり、右手を奈津美さんのヒップに伸ばしたんです。

手のひらをそっと押し当てた瞬間、細い肩はピクンと震えたものの、彼女はいやがる素振りを見せません。

さらに、ゆっくり動かしても変わらず、私は異様な昂奮に鼻の穴を広げました。

陽子さんはまだ気づいていないようで、部屋の中が暗かったことがラッキーだったと初めて思いました。

照明がついていたら、おそらくあんな展開はなかったでしょう。

私は思いきって、右手を股のつけ根にすべり込ませました。

奈津美さんはさすがに両足を閉じたものの、内腿の柔肉は指先を容易に受け入れ、ショーツの中心部をとらえました。

案の定、大量の愛液がにじみ出し、ぐしょぐしょの状態だったんです。

私はすかさずショーツのすそから指を入れ、厚みを増してヌルヌルの女陰と鋭敏なとがりをなでつけました。

「……ンっ」

小さな悲鳴が洩れたときはドキリとしたのですが、このときの陽子さんもかすかな喘ぎ声をあげつづけており、耳には届かなかったようです。

味をしめた私は中指をくるくる回転させ、敏感な性感スポットに刺激を与えていきました。

腰をスライドさせながらとなりの女性の女芯を愛撫するって、かなりの重労働なんです。浴衣は完全に乱れ、全身の毛穴から大量の汗が噴きこぼれました。

やがて奈津美さんは腰をくねらせ、自らクリトリスを指に押しつけはじめました。

彼女も昂奮状態なのか、熱い吐息がはっきり聞こえるようになり、私は仕方なくペニスの出し入れを速めました。

「あぁ、いやっ、イクっ、イッちゃいそう」

陽子さんが放つ嬌声の合間に、ぱちゅん、くちゅん、にちゅんと結合部から卑猥な音が聞こえ、ふしだらな匂いと熱気があたり一面に立ち込めました。

とりあえず、目の前の熟女をイカせてしまおう。そう考えた私は腰をガンガン打ち振り、左指でもう一つのクリトリスをなで回しました。

「ひぃう、だめ、だめ、イクっ、イックうぅ!」

陽子さんは恥骨を上下に振り、ペニスをギューギューに引き絞りました。

必死の形相で射精をこらえたところ、右腕にも自然と力が入ってしまったようです。

指先で奈津美さんのクリトリスをかきくじった瞬間、とうとう驚くべき出来事が起こりました。

まじめそうに見えた熟女が身を起こし、いきなり唇に吸いついてきたんです。

「ン、はあぁぁっ」

「む、むむぅ」

「陽子ばかり、ずるいわ」

陽子さんは絶頂を迎えたのか、体をビクビクさせ、快感の余韻にひたっているようでした。

私はペニスを引き抜き、奈津美さんのキスにこたえていたのですが、胸を押されて布団にあおむけになりました。

あっと思った瞬間にはペニスを握られ、猛烈な勢いでしごかれていたんです。

しかも愛液にまみれた逸物をぐっぽぐっぽと舐めしゃぶってきたときは、あまりの驚きに目を白黒させました。

となりでふしだらな情交を延々と見せつけられ、理性が吹き飛んでいたのではないかと思います。

「く、くおぉぉっ、そんなに激しくされたらイッちゃいますよ」

苦悶《くもん》に顔をゆがめて限界を訴えると、奈津美さんはペニスを口から抜き取り、やけに甘ったるい声でたしなめました。

「だめよ……こんなんでイッちゃ」

「……あ」

彼女はいつの間にかショーツを脱ぎ捨てており、前合わせをはだけさせると、私の腰を跨《また》がってきました。

足を大きく広げ、ペニスを垂直に起こされ、びしょ濡れの陰唇の狭間に導かれたときは、まるでスローモーションを見ているようでした。

会ったばかりの二人の熟女とその日のうちに関係を結べるとは思ってもおらず、二度とはないであろう幸運に身が打ち震えました。

「あ、あ、あンっ」

媚肉はすでにこなれており、こちらもさほどの抵抗もなくペニスを受け入れました。

ぬぷぷぷっという音とともに熱い粘膜がペニスを包み込み、瞬時にして根元まで埋め込まれたとたん、青筋がドクンと脈動しました。

「あぁ、イキそう」

「だめだったら、我慢して」

奈津美さんはキッと睨みつけたあと、しなやかな肉体をムチのようにしならせ、腰をガンガン打ちおろしてきました。

「ぐ、ぐおぉぉっ」

快感の暴風雨が股間で吹き荒れ、目の前がチカチカしました。

私のほうは射精をこらえることに必死で、腰を使うことなんてとてもできません。

懸命に身をよじっていたところ、陽子さんがむっくりと起き、またもや唇に吸いついてきました。

「あぁ、私にもして」

「む、むうっ」

唾液をジュッジュッと吸われたあと、乳首を舌先でこねくり回され、脳みそがとろけそうな快美に腰がぶるっと震えました。

その間も、奈津美さんは恥骨を振り立ててくるのですから、まさに快楽地獄でのたうち回ったという表現がぴったりの状況ではなかったかと思います。

陽子さんはさらに私の顔を跨ぎ、ムレムレのあそこを押しつけ、クンニリングスを要求してきました。

「舐めて、舐めて」

「あ、ふうっ」

汗まみれの顔をゆがめながら舌を突き出し、クリトリスを掃《は》きなぶっていたのですが、上下から受ける凄まじい圧迫感に意識が朦朧としました。

「ああ、いい、いいわ、イクっ、イッちゃう！　おっきい、硬い！」

奈津美さんの嬌声が高らかに響き渡るころ、私の我慢も限界に達しました。

「むむっ、むはっ！　だ、だめです！　俺もイッちゃいます！」

掠れた声で放出を訴えると、陽子さんはあわてて飛びのき、すかさず下腹部に移動しました。

「イクっ、イクっ、いやぁぁっ！」

奈津美さんがエクスタシーの声を張りあげたところで、陽子さんはペニスを膣から引き抜き、目にもとまらぬ速さでしごき立てたんです。

「いいわよ、イッて、たくさん出して！」

「おっ、おっ、おぉっ！」

奈津美さんが布団に崩れ落ちるなか、胴体に快感が何度も走り抜け、全身がバラバラになるのではないかと思うほどの快美が貫きました。

「イクっ、イキます！　あ、おおっ！」

「きゃ、出た！　すごい！」

私は身をひくつかせながら大量の精液をしぶかせ、黒目をひっくり返して至高の放出を迎えたんです。そのあとは交互に肌を合わせ、合計三発もしぼり取られてしまい、最後はもうへとへとの状態でした。


翌朝、車で彼女らを駅まで送り届けたのですが、とても気まずくて、車内には微妙な空気が流れていました。

二人とは駅でお別れしましたが、とにもかくにも熟女の甘美な魅力に気づかされ、とてもおいしい体験をさせていただいたと思っています。

ブルートレインで誘惑された謎の熟女寝台ベッドで禁断の濃厚精汁発射！

森下幸三　会社員・六十歳

私が大学生だったころ、ブルートレインと呼ばれる寝台列車がブームになったことがありました。もともと電車好きだった私は、アルバイトに精を出しては、その資金を使って全国のブルートレインを制覇するために一人旅を繰り返していました。

その日は、東京から九州に向かっていました。

二段ベッドのB寝台は、ふつう四人分が向かい合わせで作られているのですが、その日は車両の端の席だったので、壁に面して上下二人分のベッドでした。

その上段が、私に割り当てられた就寝スペースだったんです。

ビールはトイレが近くなるので、ウイスキーをちびちびやりながら、推理小説を読んでいました。すると、下の段から遠慮がちな女性の声が聞こえてきたんです。

「ねえ、おにいさん。よかったら、話し相手になってくれないかしら」

ブルートレインに乗っていると、ときどき同世代の男性や親子連れなんかとは、共通の電車の趣味に関しての話になることもあったのですが、女性、しかも二回りぐらいは年上と思《おぼ》しき色っぽい熟女に、そんなふうに話しかけられるのは、後にも先にも初めてのことでした。

断る理由はありませんでしたし、それ以上に、上からのぞき込んだときに、彼女の着ていた白いブラウスの胸元に刻まれた、たわわな乳房の谷間が目に飛び込んできて、私はズキュンと胸を撃ち抜かれてしまったのです。

「はい……僕でよかったら」

「じゃあ、ちょっと待ってて。お酒とおつまみ買ってくるね」

彼女は売店で私が飲んでいたウイスキーと同じものと、ナッツなどのおつまみを買ってくると、長いフレアスカートをフワッとなびかせて、上段の私のベッドにはしごで上ってきました。その様子が女っぽくて、また目を奪われてしまいました。

「寝台車なんて初めて乗ったから、落ち着かないし、どうしていいかわからなくて、そうしたら上の段のおにいさんが、うちの子どもたちと同い年ぐらいに見えたから、迷惑かなーと思ったんだけど、声かけちゃったの。ごめんね」

「いえ、僕は全然。気ままな一人旅ですから」

三方を壁に囲まれた狭いスペースに並んで座ると、カーテンを開けていても、香水なのか彼女の匂いなのか、甘い空気に満たされて、ザワザワと胸が騒ぎました。

「ねえ、もうちょっと近くに行っていい？　電車の音がうるさいから」

「あ、ああ、そうですね。あんまり大声で話すのも変ですし」

列車の揺れで、ときおり彼女の半そでのブラウスの肩や二の腕がふれてきました。柔らかくて、温かくて、その感触に私の神経が集中していきました。

「そっか、幸三《こうぞう》くんは大学三年生。うちの下の娘と同い年ってことになるのかな」

ほろ酔いになった彼女が、ポツポツと身の上話を始めました。

彼女の名前は恭子《きょうこ》さんといって、つい最近、離婚が成立して、これから実家のある九州に帰るのだと教えてくれました。

「結婚して二十五年、ダンナからもらう生活費だけじゃ足りないから、近所の食堂で働きながら、家事と子育てをしてきたの。ようやく子どもたちの手が離れて、少しは生活も楽になるかなと思ったら、ずっとダンナに女がいたことがわかって。もう、私の人生なんだったのってね……」

娘と同い年の私と面と向かっているため、気丈に振る舞っているようでしたが、内心は非常に大きな精神的ダメージを抱えているであろうことが伝わってきました。

「しかもね、その女とダンナの間に、中学生の子どもまでいたの」

そう明かした恭子さんの中から、感情が一気に溢れてくるのがわかりました。

「こんなことを幸三くんに言うのはおかしいけど、うちのダンナ、私が下の子を妊娠してから、一回も、私を抱こうとしたこともなかったのよ」

「下の子って、僕と同い年だという……？」

「うん、そうよ。二十一歳でしょ。妊娠はその一年ぐらい前だからだいたい二十二年よね。つまり、二十五年間結婚してた私たち夫婦だけど、そのうち二十二年はセックスしてなかったの。女にも性欲があるのは、幸三くんも知ってるでしょ。私、結婚してるのに、ずっと一人でしてたのよ」

私は何も言えずに黙っていると、恭子さんがこんな提案をしてきました。

「ねえ、幸三くん。よかったら、私がまだ女として役に立つかどうか、確かめてくれないかしら？」

「えっ……いや、あの、それって？」

「そうよ。セックスしてみましょって言ってるのよ」

「だけど、あの、僕、実は……」

「ああ……もしかして、幸三くんは、まだ女を知らないのね。だったら、なおさらちょうどいいじゃない。まあ、二十年以上ぶりだけど、いちおう経験者の私がリードするから、それでちゃんとセックスできれば、私もまだ女だってことだし。幸三くんとしては、無事に童貞卒業ということになるしね」

言葉を並べながら、恭子さんが座席のカーテンを引いて、狭い就寝スペースに私を押し倒しました。二人が並んで寝れないほど狭いベッドなので、必然的に恭子さんは私に馬乗りに跨るような格好になりました。

密着した女性上位の体勢で間近に見つめながら、こう言いました。

「私も、まさか、こんなことになるとは思ってもいなかったけど、旅の恥はかき捨てって言うし。なんかこのブルートレインっていう、非日常的な空間が、私をおかしくしちゃったのかもしれないわ」

そのまま、両手で私の頭をなで回しながら、唇を重ねてきました。

半そでブラウスにフレアスカートという女らしいシルエットの恭子さんに、私は全身を包まれて、甘く狂おしい香りに覆われていきました。

恭子さんのキスは、イメージどおりやさしいキスでした。初めてのエッチに緊張する私を気遣うように、長い長いキスでリラックスさせてくれているようでした。お互いの唇の湿り気を吸い合って、半開きの唇の間で、舌と舌がいつまでもなぶり合いました。やがて舌は激しく絡みつき、ダンスのようにスウィングしていきました。

「じょうずなのね、キスはしたことあるの？」

「……ちょ、ちょょっとだけ」

私の顔をジッと見つめたまま、恭子さんが馬乗りの股間に右手を伸ばしていきました。右手はあたりまえのように私のジャージの下、トランクスの中にまで忍び込んでいきました。女性がそんなふうにするなんて思ったこともありませんでした。

「あ、あの、そんな、恭子さん……」

私は鼻血が出そうなほど興奮していましたが、緊張しすぎてペニスは半勃ち状態だったようです。恭子さんのやさしい指が、小鳥を包むような力加減でペニスを握ってきました。ゆっくりと上下にしごかれると、ムキッ、ムキッと亀頭の皮が剝けて、自分でもどうしようもないほどビクビクと勃起していました。

「幸三くんのオチ○チン、食べていい？」

そう言いながら、私の足元のほうにうずくまるように移動していった恭子さんが、ジャージとトランクスをスルスルと奪い取っていきました。私の膝にむっちりと馬乗りになって、身を丸めるようにして、ペニスを眺めていました。

「あぁ、二十一歳って、こんなに立派な男なのね」

クチュッと恭子さんの唇が亀頭に吸いついてきました。私の心臓はバクバクして破裂しそうでした。なまめかしい舌がペロペロとカリの笠まで舐め回していました。

「ふふっ、エッチな味がするよ」

セミロングの美しい髪を右に左にゆらして、恭子さんがペニスに唾液を垂らしていきました。生き物のように蠢《うごめ》く舌が、自らの唾液を舐め取るようにペニスの周りを這いずり回っていました。亀頭の裏筋、ペニスの根元、睾丸の際まで。

「あうっ、くぅ、恭子さん……」

フレアスカートに浮かぶ丸いヒップを持ち上げ、私の股間にうずくまるようになって、カチカチに勃起したペニスを隅々までしゃぶり回していました。ただ、恭子さんの黒目がちでつぶらな瞳だけは、ジッと私の顔を見つめていました。

「見ててね、幸三くん、私のフェラチオ」

そう言って、恭子さんのぽってりとした唇が、ヌメリッと私の亀頭を咥え込んでいきました。ペニスの根元を両手で覆うようにして、首を振って、ペニスの幹に濡れた唇をこすりつけ、這い回らせていました。ヌメヌメ、ヌメヌメッとした摩擦刺激は、自分でしごく感触とは次元の違う快感で、下半身が痙攣してしまいました。

「ううッ、いいい、気持ちいいッ」

恭子さんは私にフェラチオの快感を教え込むように、ゆっくりと頭を振って、ペニスの幹に濡れた唇を往復させていました。たっぷりの唾液をペニス全体に滴らせて、ペニスを握って皮を根元に引っ張りながら、ヌルッ、ヌルッと上下させていたんです。

「あぁ、僕、こんなことされたら……」

恭子さんの唇からペニスが顔をのぞかせるたびに、溢れる唾液でヌルヌルにねばっていきました。口の中では舌が高速でゆれ動き、亀頭を舐め回しているようでした。

「あっ、うぅぅ、そんなに」

やがて、私のペニスをぱっくりと咥えた唇が、徐々にスピードを増していきました。ペニスに手を添えることなく、恭子さんの頭がピストンのように動きはじめたんです。指が食い込むほど私の太腿を両手でつかんで、セミロングのきれいな髪を上下に波打たせて、大きいストロークでペニスを出し入れさせていました。

「ああぁっ、くっ、すごい！」

恭子さんの唇の中に、自分のペニスが続けざまに突き刺さっているようでした。恭子さんはさっきまでのやさしい女性とは別人のように、いやらしい顔になっていました。

列車の走行音はかなり大きいので、聞こえるはずはないのですが、グチャッ、グチ

ャッ、グチャッといったフェラチオの音が響いているような気がしました。

「はッ、はぅ、私も気持ちよくなりたい」

恭子さんが発したその声は、はっきりと聞こえました。

私の股間にうずくまるようにしてフェラチオしていた恭子さんが、もぞもぞと蠢いたかと思うと、百八十度回転して、私のお腹に馬乗りになって、それから、ズリズリと私の顔のほうにお尻を移動させてきました。すでにフレアスカートとショーツは脱ぎ去られていて、恭子さんの下半身はスッポンポンでした。

そして、恭子さんのヴァギナが私の目の前にやってきたんです。

室内灯の薄明かりですが、生まれて初めて目にした女性の陰部は、想像をはるかに上回るほどいやらしく、しかも、信じられないほどヌルヌルに濡れていました。

「幸三くん、私のも……舐めて」

そう言われても、どうすればいいのかわかりませんでした。とまどっていると、恭子さんのやさしい声が聞こえてきました。

「キスするみたいに、吸ったり、舌を入れたりするのよ」

私は恭子さんに言われるまま、ヴァギナにブチューッとキスをしました。

「あぁん、そ、そう……そのまま舐め回して」

舌を伸ばしてやみくもに動かしました。女性の甘ずっぱい匂いというのでしょうか、ムッとするような生花の息吹に、チーズの香りを加えたような悩ましい匂いが、私の口腔から鼻の奥、後頭部にまで広がってきて、脳みそが沸騰しました。

「すごいよ、幸三くん、すごい興奮しちゃう」

そう言った恭子さんが、再び私のペニスをフェラチオしはじめました。

電車の揺れに負けないほど、強烈なリズムでジュボッ、ジュボッと出し入れを始めたんです。これが、シックスナインというやつか……私は夢中でヴァギナにキスしながら、私がこれまで恋してきた同級生の女子や、同じ大学に通っている女子学生も、みんなこういうことをするんだろうかと頭の片隅で思っていました。

「いっぱい、いっぱい舐めて、そ、そおっ、ああッ」

私はTシャツを着たまま、下半身を剝き出しにされていました。恭子さんも上にブラウスを着たまま、下半身裸になってシックスナインを求めてきました。その下半身だけ裸という姿が、恭子さんのいやらしい気持ちを物語っているような気がしました。

「はぁう、んんむぅ、こ、こんなに気持ちよかったんだね」

二十二年セックスしていないという恭子さんは、もちろんアソコを舐められるのも二十二年とかそれ以上ぶりなのでしょう。

「んんあ、いっ、あ、ああうっ！」

私の頭上で動く恭子さんの腰つきは淫らで激しく、下腹部までグラインドさせてこすりつけていました。私の鼻も口もヴァギナに埋まって、窒息しそうでした。ビクビクッと腰が弾けるのは、舌がクリトリスに当たったときなのかもしれません。

「んん、はあぅ、いやらしい」

セミロングの髪を振り乱し、腰を前後にゆさぶって、私の口に、鼻に、顔面にぬかるんだヴァギナをこすりつけてきました。ヒップのゆりかごが大きくゆれるたびに、お尻の肉が私のおでこからこめかみに密着して、ヌルヌルになっていきました。

「幸三くん……もっと、舌を伸ばして」

口の中に蜂蜜のように濃厚な愛液が、次から次へと流れ込んできました。飲み干すたびに、甘くてエッチな味と香りが胃の中まで充満してくるようでした。

「ハッ、ハァゥ……もうダメだわ」

恭子さんが私の上でゆっくりと体を回転させて、正面から馬乗りになって抱きついてきました。たぶん私もそうだったんでしょうが、髪が乱れ、喉元や首筋に汗が光り、耳まで火照っていました。息を荒げ、こうささやいてきました。

「私、もう……幸三くんのオチ○チンが、欲しい」

それから、まだ着ていたブラウスを脱いで、ブラジャーをはずしてくれました。たわわな乳房の頂にぷっくりとした乳首、くびれたウエスト、むっちりと大きいヒップ。すべてが露になった恭子さんの女らしい裸体は、抜けるように白い肌が自ら光を発しているかのように、妖艶《ようえん》に輝いていました。

「恭子さん、僕、僕……」

どうしていいかわからず、あせっている私のTシャツも脱がせてくれて、二人とも一糸まとわぬ全裸になりました。恭子さんが私に覆いかぶさってきました。ムニュッと乳房の量感が私の胸板に密着しました。そして恭子さんは、私の耳たぶや耳の裏を舐め回しながら、こうささやいたんです。

「初めての女が、私でいい？」

私はコクコク、コクコクと何度も首を縦に振りました。

恭子さんの右手が私の股間に伸びて、ペニスの幹を握りました。

「すごいね。ビクビクしてる」

それから恭子さんは、私に馬乗りになった自分の腰を落としながら、ペニスを握った右手で亀頭の位置をコントロールして、ヴァギナに宛がっていったんです。

私の全神経は亀頭に集中していました。ヴァギナの粘膜に押し当てられた亀頭は、熱い女性器のぬかるみの中で、行き場を探るようにこね回されていました。

「じゃ、じゃあ、入れるわよ」

「え、あ……はい」

恭子さんのむっちりとしたヒップが、私の腰回りにのしかかってきました。パンパンに張りつめた亀頭が、ヌメヌメッと膣粘膜に埋まっていくのがわかりました。

「んっ、ぐぐ、ん、ほら……入った」

それは、想像したこともない挿入感でした。ゆっくりと恭子さんが腰を上下させると、みっちりと濃厚で温かいゼリーのような粘膜が、ペニスが窒息しそうなほどぴったりと全体に貼りつき、もみ込むように圧迫してきました。

「ああっ、幸三くん……硬いよ」

恭子さんが腰を持ち上げるときは、吸いついた膣粘膜が、カリ首を削《そ》ぎ取るように引っ張っていくんです。ヒップをむちっと落とすたびに、濃厚な膣の中の圧力が亀頭にも幹にもまとわりついてくるんです。

「あッ、ヒッ、恭子さん、すごい、こんな……」

例えようもない快感。いくらオナニーのときに想像しても、こんな挿入の快感がわかるはずがないと思いました。あっという間に私の下腹部は沸騰していました。

「うくっ、も、もおっ！」

気づいたときには、コントロールも何も、噴き出そうとする精液をどうすることもできなくて、そのまま勢いよく放出してしまったんです。

「あっ……」と恭子さんが小さい声を発しました。

恭子さんのヒップはまだ十往復もしていなかったと思います。

「す、すいません。我慢できなくて……」

あまりにあっけない射精に、私はアタフタするしかありませんでした。いくら自分が気持ちよくても、恭子さんをがっかりさせてしまったかもしれない。そう思ったんです。ところが恭子さんは、上から包み込むように四肢を巻きつけ、温かく私を抱き締めて、やさしい笑みを浮かべてこうささやいたんです。

「いいのよ、最初は、誰だってそうだから」

恭子さんは私に馬乗りに跨ったままで、私のペニスも恭子さんのヴァギナに入ったままでした。量感たっぷりの乳房が胸板に密着して、ウネウネと蠢いていました。

すると恭子さんが、ゆったりとした波のように腰を動かしはじめたんです。

「まだ、入ってるのわかるでしょ？　このまま、できそうだよ」

射精直後のペニスを抜くことなく、膣の中に出し入れさせはじめたんです。

「幸三くん、おっぱいとかさわっていいのよ」

そう言って、私の顔の両側に腕を突っ張り、おっぱいをさわりやすくしてくれました。私は気持ちを見透かされたようで恥ずかしかったのですが、下から持ち上げるようにして、たわわな恭子さんの乳房を両手で握ってみました。重みがあるのに、すごく柔らかくて、ムニュッ、ムニュッと夢中でもみ込んでしまいました。

「あぁっ、すごい、気持ちいいです、恭子さん」

「ね、乳首を舐めて。舌で飴をしゃぶるみたいに転がして」

私が口を開けると、上から狙いを定めるようにして、乳首を咥えさせてくれました。

「たいがいの女は乳首も気持ちいいの。入れる前に、いっぱいしゃぶってあげて」

「は、はい……わかりました」

「ねえ、幸三くん、このまま両手を伸ばしてお尻もさわれる？」

私は言われるままに両手を伸ばしてみると、むっちりとスベスベで、おっぱいとはまた違った、柔らかいもみ心地のお尻を愛撫することができました。

「いっぱいしゃぶって、いっぱいもんで。興奮しちゃう」

私の不器用な愛撫をうれしそうに受け止めながら、恭子さんはヴァギナでペニスをむさぼるように腰を上下に動かしていました。

「すごいね、幸三くんのオチ○チン、全然小さくならないよ。硬いまま」

私も膣粘膜にしごかれる挿入の快感を、はっきりと感じていました。

ガタタン、ガタタンと走る寝台列車の音と揺れの中で、全裸の私たちはヌルヌルになって上下に密着して、汗を混じり合わせるように全身をこすり合わせたんです。

やがて恭子さんが甘えるように私の耳をしゃぶりながら、狂おしく言いました。

「ねえ、もっと動いていい?」

唇を重ね舌を絡ませて、トクトクと唾液を流し込んでから言葉を続けました。

「もう我慢できないの。幸三くんのオチ○チンで、気持ちよくなりたい」

「……でも、僕、また……大丈夫でしょうか?」

「幸三くんも我慢しなくていいのよ。気持ちよくなったら、また、いつでも出していいからね。キスも愛撫もセックスも慣れれば、どんどんじょうずになるものよ」

私が「はい」と答えると、微笑むように笑った恭子さんが、いきなり腰を激しく振りはじめました。私の顔の両側に着いた腕を突っ張り、背中をそり返らせて、ウエストから下を上下に弾ませるようにして、ペニスを強烈に出し入れしはじめたんです。

「あッ、あッ、すごい、気持ちいいよ、幸三くん!」

訴えるような恭子さんの言葉に、私は何度もコクコクとうなずきました。

「いいッ、幸三くんのオチ〇チン、さっきより大きくなったみたい」

そう言って、今度は私の顔中を舐め回してきました。ナメクジのように動く舌で私の汗をしゃぶるようにしながら、グイグイとヒップを振りつけていました。

ガタタン、ガタタンという列車の走行音と、グチャッ、グチャッとヴァギナにペニスが突き刺さる音が、私の頭の中に響き渡っていました。

「驚いちゃうね。二十年以上してなかったのに、こんなに気持ちいいなんて」

恭子さんは両手で私の頬を押さえつけて、息を荒げ、激しく下半身を動かしつづけました。むっちりとしたヒップが私の腰回りにのしかかり、浮き上がっていくたびに、ペニスがねばった膣粘膜にしごかれるのがわかりました。

「はっ、はぅ……私の、どこが気持ちいいか、わかる?」

恭子さんの喘ぎ混じりの問いかけに、私はうなされるようにつぶやきました。

「……オ、オマ〇コですか?」

恭子さんの全身がビクンと弾み、美しい顔が低い天井を仰いでいきました。

「ああっ、いやらしい……オマ〇コなのね。幸三くんのエッチ」

すると恭子さんが、私の腹を膝ではさむようにしてガッチリと跨り、うわ言のように何度も「オマ〇コ」を口にしながら、競馬の騎手の腰使いで全身を躍動させはじめたんです。セミロングの髪が乱れ、おっぱいがいくつにも見えるほど揺れました。

「あっ、い、いいっ……オマ○コ気持ちいい！」

寝台列車の走行音の中でも、私にははっきりと聞こえていました。

「イクイク、私、幸三くんのチ○ポで、イッちゃう！」

「うっ、あうッ……僕もまた……出ます！」

入れたまま迎えた二度目の射精は、魂が抜け落ちるほどの放出感でした。それが抜かずの二発と称される行為だと知ったのは、かなり歳をとってからでした――。

「ねえ、幸三くん。行くところは決まってるの？」

「いえ、特に。目的はブルートレインに乗ることですから」

「じゃあ、もう少しつきあってよ」

九州に到着した私たちは、その足で安いホテルにチェックインして、寝食を忘れて三日三晩セックスしまくったんです。恭子さんは二十年分の性欲を吐き出すように淫乱の限りを尽くして、私に女のすべてを教えてくれました。

彼女とはそれっきりでしたが、私は今日にいたるまで、あれ以上のセックスをしたことがありません。

失恋の傷を癒すために出掛けた一人旅
離婚した熟女と互いの性器を慰めあい

刈谷雄二　大学生・二十歳

私はもともと、一人旅が好きでした。いわゆるカノジョいない歴が長かったほうですが、恋愛映画や旅行なども平気で一人で楽しめる性分でした。大学二回生のとき、派手に失恋を経験してすっかり落ち込み、ふらりと旅に出たときも一人でした。

ネットで見つけた温泉宿は都内からバスで二時間ほどの距離で、予算もそれほどかかりません。貧乏学生には手ごろでした。そして、ゆっくり心の傷をいやそうと思って乗り込んだバスの中で、初めて彼女を見たのです。

私の前は空席で、その前に女性が一人で座っていました。赤いジャケットと白いミニスカートで、ちょっと肉感的な感じです。当時の私の母ぐらいの年齢でしょうか。空調の効いたバスの待合室でも、さりげなく目立つ美人でした。といっても、相手は明らかに年上です。傷心の身としては、最初はそれほどの興味はなかったのです。

ところが、サービスエリアでのトイレ休憩で、なんとなく彼女のことを目で追っていました。そんな美人が一人でバスの旅をしているのが、ちょっと気になったのです。目的地に着いてチェックインするときも、それぞれの部屋に入るときも、なぜか彼女に目がいってしまい、彼女のきれいな横顔やしぐさを気にしていました。

早めの夕食は大広間でしたが、そのときも、つい彼女を探してしまいました。大半はシニア層だったので、彼女の美貌はひときわ目立っていました。みんな温泉に入ったあとなので、気軽な浴衣姿です。彼女ももちろん浴衣を着ていましたが、さっきまでのスマートな雰囲気とはちがって、いかにも大人の色気を漂わせている感じが、まだ学生のぼくには、まぶしくてたまりませんでした。

なんとなく見つめていると、彼女のほうもぼくの視線に気づき、え？　というような顔をしました。ぼくがあわてて目を逸らしたのは言うまでもありません。

でもいま思えば、少しずつお互いに相手を意識するようになり、それであんなことになってしまったのだと思います。

食事が終わると、ぼくは早々に大広間を出て庭に降りました。清涼な小川があり、それをぼんやりと眺めていました。やはり考えることは、フラれた彼女のことです。忘れるための旅行なのに、どうしても思ってしまいます。一人で酒でも飲んで忘れるしかないなと思っていたそのとき、となりに人の気配を感じました。あの女性でした。昼間の格好もよかったのですが、浴衣姿も妖艶ですてきでした。

「どうしたんですか、こんなところで」

気軽に声をかけられて、ぼくは驚きました。まさかと思ったのです。

正直、なんと返事したか覚えていません。ずっと気にしていた美熟女に声をかけられて、しどろもどろだったのだと思います。あとで知ったのですが、彼女の名前は綾《あや》香《か》さんといい、小さな会社を経営している女性社長でした。

「珍しいわね。一人で来たの？　カノジョは？」

確かに、部下に優しくアプローチを試みている女性上司のような口調でした。

「いません。フラれたばかりです。一人で傷心旅行です」

それをきっかけにして、自分のことをついついしゃべっている自分がいました。彼女には、なんでも隠さずに話してもいいのだという気にさせる、特別な優しさがあったのです。

「そう、私と似てるわね……」

綾香さんは、離婚したばかりでした。綾香さんの会社の経営がうまくいき、別の会社で働いているご主人よりも収入がはるかに多くなってから、夫婦関係がうまくいかなくなったそうです。

「私は全然気にしなかったのに、相手のほうが卑屈になっちゃってね。つまんない男だなあって思っちゃった」

それからなんとなく二人で広い庭を散歩し、そのまま外に出てぶらぶらしている間もあれこれ話していました。お互いに自分のつらい体験を言葉にするうちに、だんだん気持ちが軽くなってきたのか、気がついたら、綾香さんのほうからぼくの手を握って歩いていました。そして、思いがけないことを言われたのです。

「私の部屋で飲まない？　つきあってよ。それともこんなおばさんじゃダメ？」

もちろん、ぼくは承知しました。一人で涙にひたるよりは、こんな美熟女と過ごすほうが、ずっと元気が出ると思ったのです。綾香さんは仲居さんに頼んで、こっそりお酒と肴《さかな》を自分の部屋に運んでもらいました。いかにもそういうことに手慣れている感じが、まさに大人の女性という雰囲気ですごいと思いました。

ぼくがどんなにドキドキしていたか想像してみてください。いくら旅館とはいえ、初対面の女性の部屋に入るのです。しかも母親ほどの年齢の、すごくやり手のキャリアウーマンなのです。それまでの人生で縁のなかった女性と過ごすというので、ぼくはもう完全に舞い上がっていました。

綾香さんの部屋はいい匂いがしました。自分の家でもない、たまたま泊まった旅館の部屋なのに、どうしてこんな匂いがするのだろうと不思議でした。

最初はビールで乾杯しました。最初の一杯を一気に飲み干した綾香さんの姿に見とれてしまいました。さっきまで頭から離れなかった、フラれた彼女の顔も、一瞬にして吹き飛んでしまいそうでした。

それから綾香さんは、ぼくと彼女のことをいろいろ質問してきました。といっても、好奇心丸出しで根掘り葉掘り聞くのではなく、ぼくのことをフォローしながら、傷口を優しく舐めるようにいやしてくれました。

本当の母親にはそんなことは話せません。でも、綾香さんにいろいろ打ち明けているうちに、優しいお母さんに慰められているような気分になってきて、とてもおだやかな気分になるのがわかりました。

もちろん、ぼくのほうからも綾香さんの離婚の話を尋ねましたが、どうやったら綾香さんを慰められるのかわかりません。正直ちょっと困っていました。

「ねえ、無理しなくていいんだよ、私のことは気にしないでね」

「ぼくも綾香さんのことをいやしてあげたいんです。でも、ぼくはまだ若造だし、そんなに人間が出来てるわけじゃないから、うまくいかなくて……」

ごめんなさいと素直に謝りました。すると綾香さんは優しく笑いました。

「優しいんだね、その優しさがうれしいよ。ねえ、そんなに私のこと慰めたいって思ってくれてるの？」

「はい、もちろんです。ぼくにできることなら、なんでもします！」

ふだんは絶対に言わないようなことを言ってしまい、ちょっと照れてしまいました。

でも、綾香さんは本当にうれしそうな顔をしました。

「あなたにできること、あるわよ……」

「え？」

そのときのことは、よく覚えていません。気がついたら綾香さんの顔が目の前に迫ってアップになっていました。香水だか石鹸だかわかりませんが、とてもいい匂いがしたことだけは覚えています。そして、そのままキスされました。本当に体が溶けるようなキスってあるんだと思いました。舌が入ってきて、口の中をくすぐられると、ぼくの下半身が一気に硬くなるのがわかりました。

「こういうの、嫌い？」

「い、いいえ、嫌いじゃないです……」

「そう、よかった」

そう言いながら綾香さんの手がぼくの浴衣のすそから忍び込んできて、パンツの上からそれをグッとつかみました。

「さすが、若いね。キスだけでこんなになってる。別れた夫はね、もう私の前じゃ勃たないって言ったんだ。それって女にとって最悪の侮辱だよね。これは、私のキスで勃起してくれたお礼よ」

そう言って綾香さんはパンツをずりおろし、いきり勃ったモノを丸出しにしました。そして股間に顔を埋めて、一気に口に含んだのです。

綾香さんの口の中がすごく熱いのに驚きました。しかも、舌がものすごい速さで自由自在に動くのです。フラれた彼女のフェラとは比べものになりません。まさに「味わっている」という感じです。さらに舌を激しく動かしながら、指先でタマをもみほぐしてきます。それは、男を楽しませてあげようという気持ちが伝わってくるテクニックです。

「ああ、おいしい。若い人のってすごいね、口の中がいっぱいになる」

そんなことを言いながら、唇をすぼめて上下にジュボジュボ動かしてきます。あまりの吸引力に、思わず声をあげてしまいました。しかも、あんなにきれいな綾香さんがぼくのペニスを咥えている顔は、とてつもなく猥褻《わいせつ》です。なんかもう頭の中が混乱してしまい、綾香さんのおしゃぶりに身をまかせていました。

「ねえ、我慢できなくなっちゃった。舐めっこしよう」

やがて綾香さんはそう言うと、ショーツを脱ぎ、浴衣のすそをまくって、ぼくの顔に跨りました。シックスナインの格好になったのです。

目の前に、綾香さんの女性の部分がアップになりました。思ったよりも大きなお尻でした。目の前に真っ白な小山がそびえているようでした。もしかしたら、着痩せするタイプなのかもしれません。

陰毛が薄いのか、割れ目がはっきり見えています。そこはもうビッショリと濡れて光っていて、中の柔らかいピンクの肉が少しだけ顔をのぞかせていました。さらに、アナルも丸見えでした。びっしりとしわの入ったアナルも、とてもきれいに見えました。

今日一日、ずっと気になっていた美熟女の女性器とアナルがすぐ目の前にあると思うと、もうすっかり興奮して我を忘れてしまいました。そして、そこにむしゃぶりつくと、欲望のままに舌を動かして味わいました。

「ああ、舐められるの、好き。ずっと誰も舐めてくれなかったんだ。こんな若い男の子が私のアソコを舐めてると思うと、すごく卑猥な気分になるよ」

綾香さんは、まるで別人のようにうわずった声でそう言いながら、股間をぼくの顔にこすりつけてきました。口の周りだけでなく、顔中が愛液でべとべとになりましたが、それがうれしくて、ぼくは舌を這わせて性器もアナルも全部味わいました。

綾香さんは綾香さんで、ぼくのペニスをしごき上げたり舐めまくったりして、ますます積極的に味わっています。

「私ね、これが大好きなの、男と女がアソコを舐め合うって、すごくいやらしくない？これすると、もう頭がおかしくなっちゃうの」

そんなことを言われても、もう冷静に返事することもできません。とはいえ、いちおうはぼくも女性の体の構造はわかっているので、なんとか綾香さんに喜んでもらおうと思い、割れ目を広げてクリトリスを吸い上げ、ビラビラを刺激し、舌先を中に入れ、そうしながらアナルにも指を這わせて、ともかく綾香さんがいちばん感じるところを見つけ出して、そこをがんばって責めていました。この人を感じさせたい、満足してほしい、喜んでほしい、ともかくそれだけを考えていました。

「ステキ、こんなにいいの初めて」

初めてだなんて言われても、どこまで本当なのかわかりません。でも、そう言われて悪い気はしません。ぼくは指を二本入れて中をかき回しました。じつは、そのやり方はフラれた彼女には「痛いからやめて」と言われたのです。でも綾香さんなら感じてくれるような気がしました。

案の定、綾香さんは大きなお尻を、いかにも気持ちよさそうにクネクネ動かしました。

「ああ、だめ、いやらしい。私ったら、若い男の子とシックスナインして、アソコに指突っ込まれてかき回されてる。すごく気持ちいいよお」

それは口先だけではなくて本心に聞こえました。そうか、本当に感じてる女の人はこんな声をあげるのかと納得しました。

ぼくはすっかりうれしくなって、もっと激しくいやらしく指を動かしました。やがて綾香さんのそこからは、白く泡立つような液が溢れてきて、ぼくの顔に垂れ落ちました。女の人の体が、そんなふうになるのを見たのは初めてでした。

綾香さんは、もうぼくのモノを舐めるのも忘れて、すごい声をあげっぱなしです。

「ねえ、もうダメ、我慢できないの。私のアソコ、すごいことになってるでしょう？本気のオツユ溢れてるでしょう？」

「はい、なんか、すごいです。女の人の体って、こんなになるんですね」

「恥ずかしいから言わないで。あなたがしたんだよ。もうずっとこの感じ忘れてたよ。こんなの久しぶりなの。ねえ、もう入れたい。いいよね？」

もちろん、いいに決まっています。

「入れていいんですか？　ぼくも我慢できません」

「ほんと？　こんなおばさんでいいの？　正直に言っていいんだよ」

「本当です。綾香さんとひとつになりたいです！」

「うれしい、もっと言って」

「綾香さんに入れたいです。ひとつになりたいです！」

「そんなふうに言われると、なんか幸せだよ。私の体を求めてくれる男性がまだいるんだと思うと、なんか安心する。夫が離婚したがったのは、収入差が原因じゃなくて、本当は私がおばさんになったからじゃないかと思ってた。それが本音なんじゃないかって疑ってたんだ。でも、私の体、まだ求められてるんだね」

それは、ちょっと意外な言葉でした。

ぼくからすれば、綾香さんはむちゃくちゃ美人で魅力的な高嶺の花のような人です。でも、そんな綾香さんがそんな不安を抱いてるなんて、想像もしませんでした。

「今日ずっと、綾香さんのこと気になってました。すてきな人だなあって思ってたんです。だから、いまこうなってることが信じられないし、すごく挿入したくてたまりません」

なんとかして思いを伝えようとして、ぼくは必死に言いました。すると綾香さんに思いが伝わったのか、おだやかで優しそうな顔をしました。

「あなたはかわいい人だね、それにとても思いやりがあるんだね。大丈夫だよ、いまは失恋しても、いつかきっとすてきな彼女が現れるから。あなたみたいな人がずっと一人のわけないからね」

「だといいけど……」

「大丈夫よ、私が保証する。ねえ、つながろう。ひとつになろう」

綾香さんはそう言いながら、ぼくの下半身に跨りました。そして、ペニスを握りしめると、自分のアソコに押しつけました。そこはグショグショに濡れて熱を持っていました。

「いい？　いくよ……」

ぼくのモノが、熱い肉の中に呑み込まれました。そしてものすごい圧力で締めつけられて、ひとつになったのがわかりました。それはまさにセックスしてるという感じでした。

「私のアソコが、あなたの硬くて太いのを呑み込んでるよ。わかる？」

「わかります。すごくキツくて、気持ちいいです」

「ほんと？　そんなこと言われると、もっと締めたくなる」

そう言いながら綾香さんはギュッと力を入れました。そこだけが別の生き物のようになって、ぼくのペニスを責めてきました。目の前には綾香さんの大きな乳房がありますす。重量感があって、すこし垂れぎみですが、でもきれいなおっぱいでした。ぼくは両手でふたつのふくらみをつかみ、ゆっくりもみ上げながら、乳首を吸いました。乳首は口の中でキュンキュン硬くなってきました。

「ああ、吸って! 赤ちゃんみたいに吸って」

ぼくはチュウチュウと音を立てて吸いました。赤ん坊になったような気分でした。綾香さんはますます興奮して乳房をぼくの顔に押しつけながら、下半身をグイグイ動かしてきました。むっちりした肉体で全身を責められてるみたいで、もう最高の気分でした。生まれて初めて、本物のセックスを味わっているような気分でした。

乳首とアソコの両方を同時に責められて、綾香さんのほうもすっかり表情が変わっていました。色っぽい喘ぎ声を洩らしながら、本能のおもむくままに動いていましたが、そのうちぼくの上半身を起こしながらささやきました。

「ねえ、つながったままで体位を変えて。私のこと抱っこして」

対面座位というのでしょうか。あぐらをかいたような格好のぼくの下半身につながったまま、綾香さんはぼくを抱き締めてきました。ぼくの腰を両足でグイグイ引き寄せながら、腰を上下に動かしています。こんなのAVでしか見たことないなと思いながら、さっきとは違う締めつけでペニスを刺激されながら、ぼくも綾香さんの大きなお尻を両手で抱きかかえて揺さぶりました。

「下から突き上げられるの好き。ちょうどいいところにズンズンくるんだもん。あなたの立派だから、奥まで届いてるよ。わかる？」

「わかります。奥のほうに当たってます」

「そうなの、そこを刺激されると、狂っちゃうの」

そう言って、綾香さんは大きくのけぞりました。

ぼくは綾香さんのお尻を持ち上げては落とし、持ち上げては落としながら、奥のほうに刺激を加えました。すると綾香さんは、うわごとのように卑猥な言葉を言いながら、ますます感じまくっていました。

そうやってキスしていると、本当に幸せな気分でした。セックスで幸せを感じるってこういうことなんだと実感しました。きっと、その瞬間、お互いに相手を必要としていたからだと思います。あとで思ったことですが、別れた彼女とのセックスにはそんな気持ちがなかったのだと思います。お互いに自分の性欲を満たすためだけのセックスでは、きっと本当の幸福感は得られないのだろうなと、あらためて感じています。

ともかくそのときは、もうお互いに夢中になって腰を動かし、舌を絡め合い、感情のおもむくままの行為をしていました。

「ねえ、今度はあなたが上になって」

うわずった声でそう言うと、綾香さんは畳の上に寝そべりました。もうそのころにはお互いに浴衣はすっかりはだけてしまい、二人とも全裸同然でした。あおむけになっても綾香さんの乳房はあまり形がくずれることなく、お椀を伏せたように丸く揺れていました。

「お願い、あなたのを入れて！　ここを思いきり突いてほしいの！」

そう言いながら綾香さんは自分の両手で太腿を抱え、M字の足型になってぼくを誘いました。一日中ずっと気になっていた美熟女が、いま、目の前で大胆なポーズになって性器を広げている、そう思うだけで、下半身に込み上げてくるものがありました。

ぼくはペニスをつかむと、そのびしょ濡れの部分に押しつけて、一気に挿入しました。根元まで全部入れてしまうと、綾香さんは「すごい、こんなの初めて」と言いながらグイグイと締め上げてきました。

「あなた、とっても素敵よ」

ぼくも最高に気分が盛り上がってしまいました。

最初はゆっくり腰を動かし、そして少しずつピッチを上げていきました。綾香さんはその動きに会わせて、少しずつ大きな声をあげはじめました。

「お願い、乳首吸って。突きながら乳首いじめて」

両手でふたつの乳房をわしづかみにすると、乳首に吸いつきました。そうしながら激しくピストンすると、綾香さんの声はますます大きくなりました。きっとほかの部屋にも聞こえていたと思います。でも、そんなことを考えている余裕はありません。お互いに、ただ快楽のことだけを考えていました。

「ねえ、私の体で感じてる？　あなたも気持ちいい？」

「最高です、こんなの初めてです」

心の底からそう言うと、綾香さんはうれしそうな顔をしました。

やがて、お互いに我慢できなくなりました。ぼくが射精の予感を感じはじめると、綾香さんにもそれがわかったみたいで「いいよ、いっぱい出してね」と言ってくれました。

「おっぱいにかけて欲しいの、若い精液でおっぱいを汚して欲しい」

それが、綾香さんのリクエストでした。その言葉が下半身に響いて、ぼくは最後の瞬間を迎えました。プルプル震える乳房に濃厚な精液を思いきり浴びせた瞬間、綾香さんのほうも頭をのけぞらせて達してしまいました。

それからお互いに横たわったまま、黙って余韻にひたっていました。まるで、生まれて初めてセックスしたような気分でした。

「ありがとう、なんか生まれ変わった気がする……」

やがて、綾香さんがそうつぶやきました。ぼくも同じ気持ちでした。失恋の痛手から立ち直ることができるような気がしました。思いがけない旅になりましたが、綾香さんのおかげで、もう一度新しい恋愛を始めようという気持ちになれました。

そして、今度恋愛をするときは、もしかしたら、うんと年上の女性のような予感がしました。綾香さんを知って、もう同世代や年下の女性には関心が持てないような気がしたのです。綾香さんのおかげで、熟女の魅力のとりこになってしまいました。

新しい自分になれた。そんな意味で、ぼくにとっては最高の旅になったと思います。

第四章

無限の肉悦を求め彷徨う牡と牝の本能

ナンパ目的でやって来た沖縄のビーチ黒ビキニのグラマー熟女に誘われ……

三田正輝　会社員・三十歳

これは、私が二十歳の大学生だったときの体験です。

当時の私は、まったくモテない童貞の学生でした。大学にたくさん女の子はいるのですが、積極的に声をかける度胸もなく、もちろん女の子とつきあったことさえありませんでした。

そんな私を見かねたのか、友人二人が夏休みの沖縄旅行に誘ってくれたのです。

二人は私とは違い、積極的にナンパもできて女性経験も豊富でした。沖縄へ行くのは、もちろん女の子を引っかけるためです。

「沖縄はいいぞ。女の子も開放的になって簡単にナンパできるらしいからな。おれたちについてくれば、おまえだって一人ぐらいモノにできるだろ」

いわば二人のオマケのようなかたちですが、私は話を聞いてすぐにその気になりました。

必死にバイトをして旅費を稼ぎ、二人からナンパ術も学びました。もちろん見た目にも気を使って、ボサボサだった髪を別人のようにととのえました。

そして夏休みになり、いざ沖縄に到着すると、そこは想像以上の美しく開放的な場所でした。

海辺には水着姿のギャルがわんさかいます。どの子もかわいくて、しかもナンパ待ちしているように見え、私には目がくらむような光景でした。

さっそく自分たちも水着に着替え、三人で海辺のナンパに繰り出しました。

手慣れている友人たちは、手当たり次第に女の子に声をかけています。断られても次々に相手を変え、あっという間に離れていきました。

私はというと、二人から完全に出遅れていました。女の子に声をかけようにも、練習と本番ではまったく違います。目の前を通り過ぎていく女の子たちをモジモジと見送るだけでした。

「あ、あの……よければいっしょに、ぼくと泳ぎませんか」

それでも勇気を振り絞り、ようやく一人目の女の子に声をかけました。

ところが私を一瞥《いちべつ》しただけで、無視してスタスタと歩いていってしまったのです。

ほかの女の子からも、返ってくるのは冷たい返事ばかりでした。なかには「気持ち悪いから近づかないで！」と、私を追い払う子までいました。

私とは対照的に友人たちはすでにナンパに成功し、かわいい女の子と海辺ではしゃいでいます。

それを見てますます惨《みじ》めになった私は、もう女の子に声をかけるのを諦めて、海辺から離れようとしていました。

「ねぇ、ちょっとキミ」

ちょうどそのときに背後から声をかけられ、あわてて振り返りました。

そこに立っていたのは、水着姿の女性でした。かなり大胆な黒のビキニで、麦わら帽子をかぶりサングラスをかけていました。

抜群のスタイルなうえに肌の露出も多く、海辺でもかなり目を引く格好でした。おまけに、サングラスの下はまちがいなく美人の顔立ちです。

しかし顔をよく見てみると、どう見ても四十代くらいのおばさんだったのです。

一瞬でも心が浮き立った私は、ガッカリしてしまいました。さすがにこの年齢ではナンパのターゲットからははずれています。

「あなた、さっきから下手なナンパばかりしてるけど、そんなんでうまくいくと思ってるの？　挙動不審ですごく怪しかったわよ」

いきなりそんなことを言われ、さすがにカチンときました。

私が相手にせずに歩きだすと、彼女も私を追いかけてきます。

「ちょっと、そんなに怒らないでよ。せっかく話しかけてあげたんだから」

「いいから邪魔しないでくださいよ！　こっちは、用なんてないんですから」

ナンパは失敗ばかりなのに、やけに馴れなれしいおばさんにはつきまとわれ、私はうんざりしていました。

すると彼女は離れようとする私を捕まえ、腕を絡みつかせてきたのです。

これで私は逃げられなくなってしまいました。そればかりか周りにいる人たちが、ジロジロとこちらを眺めています。

まるで、親子のように年の離れたカップルが物珍しいのでしょう。

彼女はニコニコと私に寄りかかっていますが、私は母親と並んでいるようで恥ずかしくてたまりませんでした。

彼女はユミと自分の名前を名乗り、年齢は「ヒミツ」ということでした。くだけた口ぶりで、あれこれ私に話しかけてきます。

「ねぇ、あなたって童貞でしょう？」

いきなりそんなことを聞かれ、ドキッとしてしまいました。

私が言葉に詰まっていると、彼女は「やっぱりね」と、なぜかうれしそうにしています。

「じゃあ、早く経験したくてあせってるんでしょう？　男の子ってみんなそうなのよね」

まるで心の中を読まれているようで、私は変に気持ちがソワソワしました。

というのも、私の腕には、胸の膨らみがぴったりと押しつけられているのです。気づいていないはずはないので、明らかにわざとでした。

もしかしてこのおばさん、ぼくのことを誘惑しようとしているのでは……そう気づくまでに時間はかかりませんでした。

ついさっきまで仕方なく相手をしていたのに、やわらかな胸の感触に私はすっかりやられていました。必死になって興奮を抑えつけていないと、水着の中でペニスが勃起してしまいそうです。

「ねえ、あそこに行ってみない？」

指を差されたのは、海辺のはずれにある岩場です。そこは海水浴客の姿もなく、殺風景な景色が広がっていました。

彼女にペースを握られていた私は逆らえませんでした。ついに岩場にたどり着き、ひときわ大きな岩の奥へ連れ込まれてしまいました。

そこでいきなり、彼女は水着を脱ぎはじめたのです。

「えっ、ちょっと……」

上からビキニの水着を剝ぎ取り、下もあっという間におろしてしまいました。

「ビックリした？　ここなら人に見られないから平気よ」

彼女はあっけに取られている私の前で、全裸で立っています。

近くに誰もいないとはいえ、私たちのようにいつ人が来るかわかりません。それを思えば、彼女の大胆さには驚くしかありませんでした。

同時に私の目は、裸になった彼女の体に釘づけになっていました。

きれいな形をした胸の膨らみと、ツンととがった大きめの乳首。腰も細くてとても四十代の女性のスタイルには見えませんでした。

私が最も目を奪われたのが、彼女の股間です。ワレメの周りには毛が一本もなかったのです。

「やっぱり気になる？　邪魔にならないように剃《そ》ってきたのよ」

そう言うと、私によく見えるように腰を突き出してみせます。

剝き出しになった股間と大胆なポーズに、今度こそ私は興奮を抑えきれなくなりました。水着の中で痛いほど勃起してしまい、思わず腰を屈めてしまいました。

そんな私を見て、彼女はおかしそうに笑っています。

「私はね、あなたみたいなウブな子を食べに毎年沖縄に来るの。ここだと、いくらでも若い男の子が食べ放題だしね」

どうやら彼女も、目的は私と同じだったようです。童貞を捨てようと一人で海岸でうろついていた私は、格好のターゲットだったのでしょう。

私も最初こそ彼女のことを、おばさんとしか意識していませんでした。しかしいまとなっては、魅力的な大人の女性にしか見えません。

水着のついでに、彼女はサングラスと麦わら帽子も取ってしまいました。

サングラスの下も思っていたとおりの美人でした。顔立ちもアダルトな雰囲気も、ベテランの女優さんのようです。

そのまま彼女はおもむろに顔を近づけ、私の唇を奪ってしまいました。

「ンン……」

鼻にかかった彼女の声が耳に入ってきます。

それよりも私はやわらかな唇と、口の中に入ってきた舌の感触に頭が沸騰しそうでした。

もちろん生まれて初めてのキスです。私は突っ立ったまま体が硬直し、目を開けることもできませんでした。

彼女の唇はなかなか離れずに、たっぷり時間をかけて唇を吸い尽くされました。

ようやく彼女の顔が遠ざかると、自分でも顔が赤くなっているのがわかりました。

「あらあら、キスくらいでこんなに真っ赤になっちゃって。本当にかわいいのね」

私の反応は彼女にとって好ましいものだったようです。ますます機嫌がよくなり、今度は私の手を自分の体へ導いてくれました。

「あなたも私の体をさわりたいでしょう？　好きにしてもいいのよ」

臆病でなかなか手を出せずにいた私には、ありがたい言葉でした。

さっそく胸の膨らみを手でもみしだきます。やわらかいだけでなく肌に張りがあり、手のひらの中で弾むようでした。

こうなればもっといろんな場所をさわらせてもらおうと、お尻にも手を這わせます。

こちらはもっと弾力があってプリプリしていました。彼女の肌はどこもむっちりとやわらかくてたまりませんでした。

だんだんと図々しくなってきた私は、恐るおそる彼女に聞いてみました。

「あの……乳首を舐めてもいいですか？」

彼女はうれしそうに「どうぞ。いっぱい吸ってね」と、私の顔を胸に抱え込んでくれました。

肌に顔を近づけると、汗の匂いも強まります。ちょっと甘ずっぱい感じのとてもいい匂いです。

ぷっくりと膨らんだ乳首を口に含むと、まずは舌をとがらせて弾いてみました。

「んふっ、んっ……」

くすぐったそうな含み笑いの声と、小さな喘ぎ声も聞こえてきました。

私はなんとか彼女を感じさせようと、必死になって乳首を愛撫しました。テクニックもないのに、吸ったり舐めたりひたすら舌を動かしつづけます。

そんな私の熱意を、彼女は頭をなでて優しく受け止めてくれました。

「なんだか気持ちよくなってきちゃった。もっと下のほうも、気持ちよくしてほしいなぁ」

思わせぶりに彼女は言いました。

すぐに私は彼女が何をしてもらいたいのか察し、腰を屈めました。

そうすると、立っている彼女の股間がすぐ目の前に来ます。無毛のワレメを、今度はもっと間近で見ることができました。

ほんの少しはみ出したビラビラと、小さな豆粒が目に入ったので、そこをまとめて一舐めします。

「あんっ……！」

そうすると彼女は、はっきりと喘ぎ声を口にしました。

私にとっては、なによりもうれしい声でした。軽く舐めただけで、彼女を感じさせることができたのです。

張り切った私は、さらに激しく股間にむしゃぶりつきました。しっかりとお尻を両手で抱え込みながら、顔ごとくっつけてしまう勢いです。

「あっ、あっ、そんなに激しく……」

彼女も私の吸いつきっぷりに驚いています。それでも頭を引き離そうとはせず、立ったまま腰をモジモジさせていました。

童貞の私でも、どこが感じやすいのかという知識だけはあります。クリトリスを集中的に舐めてみると、それがはっきりわかりました。

「はぁっ、ああっ……そこ、もっと」

体の反応だけでなく、声のトーンまで変わりました。

舐めている私も興奮のあまり、勝手に指を股間の内側にもぐり込ませました。そこはとても熱く、小さな穴が体の奥にまで続いています。指を入れてみると、ぬめっとした液が溢れていることに気づきました。

私はそのぬるぬるとした感触に、ペニスが包み込まれる感触を想像しました。どれほど気持ちがいいのか、考えるだけで股間が爆発してしまいそうです。感情の高まりを、私は指の動きにぶつけました。

「あっ、ダメ、そんなにされると……」

何度も指を出し入れしていると、ますます喘ぎ声が大きくなってきました。

このときの私は彼女を感じさせることに夢中になり、ほかのことは見えていませんでした。指の動きは激しくなる一方で、彼女の足もガクガクとふるえはじめました。

「ストップ、待って。お願いだから」

その声でようやく私は我に返り、出し入れさせていた指を止めました。

彼女はホッとした様子で、私に諭すように言いました。

「いくら相手が感じていても、あんまり激しくしちゃダメよ。そういうのは女の子に嫌われちゃうから」

「すみません、つい……」

反省した私はあらためて彼女の膣に指を入れ、どうすればいいのかを聞きながら動かしました。

今度はゆっくりとしたリズムで出し入れをさせます。入り口から奥にかけて、荒っぽくしないように慎重にまさぐりました。

「うん、そう。だいぶよくなった……じょうずじゃない。その調子よ」

褒められて、私もうれしくなりました。乗せられているうちに、自分には女性を悦ばせる才能があるような気までしてきました。

レッスンが終わって指を抜くと、股間からべっとりと液が糸を引いていました。

「じゃあ、私も気持ちいいことを教えてあげる」

彼女は今度は私を立たせ、自分は目の前にしゃがみ込みました。

さっきとは反対のかたちで、私の水着の股間を見上げています。何をされるのかを察している私は、心臓がドキドキしました。

「早くこれを脱いで。何もできないでしょ」

「は、はいっ」

私はあわててテントを張った水着をおろし、ペニスを取り出してみせました。

すでにカチカチに勃起して先走りの液が洩れてきています。勝手にビクンビクンと動いているので、彼女も目を丸くしていました。

「こんなに元気になっちゃうなんて……やっぱり若い子ってすごいのね」

感心したように言いながら、彼女は舌で亀頭を舐め上げました。

「あ……ううっ」

初めてペニスで舌の感触を味わった私には、それだけで体にしびれが走るようでした。

ぺろり、ぺろりと何度も舌が這い上がってきます。すぐには口に咥えてはくれず、私をじらしているようにも見えました。

ようやく彼女の唇がペニスを呑み込むと、生温かい口の中でじわっと溶かされるような気分でした。

「ああ……すごく気持ちいいです」

あまりの快感で、それしか言葉が出てきません。フェラチオがどういうものか想像はしていましたが、それよりもはるかに刺激的でした。

たっぷりの唾液に包まれながら、舌が絡みついてきます。それもただ舐めるのではなく、亀頭全体を這い回っていました。

彼女にとっては、フェラチオなど手慣れたものだったのでしょう。逆に私は初めて経験する感覚に、足腰から力が抜けてしまいそうでした。

「まだだいじょうぶ？　出したければ無理しなくてもいいのよ」

「いえ、平気です」

本当はすぐにでも射精したかったのですが、見栄を張ってそう答えました。

おそらく彼女も、私が限界だと見抜いていたはずです。それでも、私の忍耐力を試すかのようにフェラチオを続けました。

唇をクイクイと上下に動かし、ペニスを喉奥にまで吸い込んできます。

じっと快感に耐えてきましたが、それもわずかな時間でした。

「あっ、ヤベ……もう無理です」

私が弱音を吐くと同時に、彼女も口からペニスを吐き出しました。

私はホッとするやら残念やら、もどかしい気持ちでした。もうこれ以上はセックスを待ちきれません。

「じゃあ、そろそろ私を抱いてみる？」

「はい、お願いします」

待ちに待った言葉に、私はすぐにでも彼女に飛びかかりたい気持ちでした。

しかし岩場には、ベッドになるような場所はありません。どうするのか見ていると、彼女は立ったまま岩に手をついてお尻を突き出し、私を待っていました。

「入れる場所をまちがえないように、ちゃんと確かめてね。私は動かないで、あなたに任せるから」

人生で初めてのセックスを、立ちバックでやることになってしまいました。

私は興奮と緊張で、全身に汗をかいていました。うまく入るかどうか、不安を感じつつ、ペニスをお尻の谷間に押し当てました。

彼女がまちがえないでと言ったのは、お尻の穴のことだったのでしょう。

その下にあるワレメに狙いを定め、やや膝を折り曲げて腰を突き出しました。

ぬるりという感触とともに、亀頭が呑み込まれていきます。たっぷり濡れていたおかげで、狙いをはずすことなくすんなりと挿入できました。

「うああっ……」

そのとき味わった快感は、一瞬で全身がとろけてしまいそうなほどでした。

辛うじてこらえた私は、挿入したまま動きを止めました。これ以上の刺激が来てしまうと、それだけで爆発してしまいそうだったのです。

しかし、いつまでも動かないわけにはいきません。ようやく腰を振りはじめると、一回ごとに挿入したとき以上の快感が押し寄せてきます。

「あっ、イクッ！」

ほんの数回出し入れさせただけで、私は限界に達してしまいました。

ぬかるんだ膣の中で、ドクドクと射精がはじまります。あまりの気持ちよさに、ペニスを抜くことも忘れていました。

あっけなく射精してしまった私を、彼女は慰めるようにこう言ってくれました。

「気にしなくてもいいのよ。初めてだとすぐにイッちゃう子がほとんどだから。でもこんなに早いなんて、よっぽど気持ちよかったのね……」

すぐに終わったうえに中に出してしまったのに、彼女は平然とした顔をしています。きっと私のような童貞のために、あらかじめ避妊対策もしていたのでしょう。

念願の童貞喪失を果たしたものの、私はまだ物足りない思いをしていました。

すると、彼女も私と同じだったようです。

「じゃあ、もう一回する？」

二度目のお誘いに、私は喜んで飛びつきました。

まだ性欲もたっぷり残っています。今度は自分だけでなく、彼女を楽しませることにも気を配りました。

再び彼女をバックから貫きながら、お尻を目がけて腰をぶつけます。

熱く湿った膣の感触にも、ようやく慣れてきました。一回目のように、すぐに爆発することもありません。

「んっ、ああっ、すごい……どうしたの、急にうまくなったじゃない」

彼女も私の腰の動きに、次第に喘ぎ声を大きくさせました。それも次第に余裕がなくなり、「ひいっ、ああっ!」と悲鳴に近くなっていったのです。

「ああ、ダメ……私までイキそう!」

その言葉を聞いた私は、ますます張り切りました。

こうなれば、なんとしてでも彼女もイカせてやろうと、最後の力を振り絞って腰を振りつづけます。

しかし、先に降参したのは私のほうでした。二回目にもかかわらず、快感に押し流されるまま射精を迎えてしまったのです。

「あっ、すいません。また……」

情けなく声を出す私に、彼女は振り返りながら声をかけてくれました。

「惜しかったわね。もうちょっとでイキそうだったのに……」

ペニスを抜くと、溜まった精液がドロドロと流れ落ちてきます。一生分を吐き出したような気持ちでした。

出会いもそうだったように、彼女との別れもあっさりしていました。

水着を着ると「またね」と手を振って去ってしまったのです。できることなら、追いかけて連絡先でも聞きたかったのですが、それもできませんでした。

このあとに海辺へ帰ると、友人二人が私を探していました。

「どこ行ってたんだ、おまえ。どうせナンパに失敗して一人でスネてたんだろ」

私が離れた場所でセックスをしていたことなど、想像もしていないようです。

私はこの沖縄旅行で生まれ変わりました。それまで臆病で女性に声をかけることもできなかった私が、熟女専門のナンパ師になってしまったのです。

四十代以上の女性にターゲットを定め、これまでに抱いた数は百人を下りません。しかし、どれだけ回数を重ねても、沖縄で体験したセックスを忘れることができません。

いまでは彼女も五十代になっているでしょうが、できることならもう一度会って、熟れた身体を抱いてみたいと思っています。

移住先の地元住人との親睦温泉旅行
欲求不満の還暦熟女に狙われた私……

加藤彰　会社員・三十二歳

結婚を機に、建売の新居を購入しました。妻は二十七歳で、まだ子どもを作る予定はありませんが、先々を見据えて場所を選びました。

長いこと探し回ったかいあって、周辺環境も交通の便も申し分のない立地です。

この地で根を張って暮らしていこうと、前向きにがんばっていました。

ところがあるとき、妻が心配そうな顔で相談してきたのです。

ゴミ出しやスーパーの買い物などで、ご近所のオバサンたちに会うと、ヒソヒソと噂話をされるとのことでした。

陰口を言われる覚えはありませんでしたが、新興住宅地ではないため、古くからこの地域で暮らしてきた人たちにとっては、噂話にかっこうの新入りだったようです。

引っ越すにあたって、向こう三軒両隣への挨拶はすませていましたが、どうやらそれだけでは足りなかったようです。

親に相談すると、町内会の会長や、自治会の役員などにも挨拶をしたほうがよいとアドバイスされました。

億劫《おっくう》でしたが、すぐに引っ越すわけにもいきませんので、そうするより仕方ないと思えました。

それに、夜の営みの最中に妻が声を押し殺したり、ときには拒絶したりするようになってしまったのも問題でした。

万が一、そんな声を聞かれたら、それこそ何を言われるかわからないと言うのです。

こんなんじゃ、夫婦の幸せまで崩れてしまうと危機感を持ちました。

後日、夫婦揃って自治会長さん宅に出向くと、七十代と思われる会長が、親し気な笑顔で迎えてくれました。

筋さえ通せば、今度は逆に暑苦しいほどの仲間意識を持とうとするのが古いコミュニティです。

それも面倒ですが、妻の笑顔には変えられません。

「この地域は、若い人があまりいなくてね。こんなお若い二人なら大歓迎だよ」

会長は、うれしそうに言いました。

「困ったことがあったらなんでも相談しなさい。そうだ、次の親睦会《しんぼくかい》が温泉旅行なんだが、来てみるかい？　いや、来るべきだね。そこでみんなに顔通しすればいいさ」

とっさに、お断りしようとしましたが、隣にいた妻に肘で突つかれました。

妻は満面の笑みを浮かべて、会長に答えていました。

「あらぁ、そんな会に参加させていただけるんですか？　楽しみだわ」

無理をしているのはわかりましたが、女性のほうが地域との接点も多いので、そんなふうにこたえざるをえなかったのでしょう。

約束してしまった以上、渋々でも行くしかありませんでした。

当日、集合場所に出向くと、妻が何人かの顔を覚えていて、僕にささやいてきました。

「ほら、あの人たち。ときどきじっと睨んだり、聞こえよがしに嫌味を言ったりするのよ」

妻がこっそり指差した場所に、ひと際賑やかな女性グループがいました。

ほかの参加者よりも、派手な服装で濃い化粧をした五、六人のグループは、自治会の中心的な人物でした。

まとめ役も担っている様子でしたが、傍から見ると、怖いオバサンたちが威嚇《いかく》しているようにも見えました。

その人たちも含め、参加者のほとんどが六十代から七十代のようでした。あきらかに、僕たち夫婦は浮いていたのです。

自治会長が僕たちをみんなに紹介してくれると、その視線が一斉にこちらに向けられました。

悪いこともしていないのに、一瞬ギクッとしてしまいました。そのとき、妻が無理をしてでも旅行に参加しようとした気持ちが痛いほどわかりました。

そこから旅館に着くまでは、何ごともなく過ぎましたが、電車の中でも相変わらず例のバアさんたちが甲高い声でしゃべりつづけていました。

ここ数年、同じ場所で親睦会をしているらしく、宿に着くとみんな、勝手知ったる様子でいったんそれぞれ露天風呂に入ったりしながら寛《くつろ》ぎました。

たいへんだったのは、夜の宴会からでした。

いつの間にか、初参加の僕たち夫婦が主役のような扱いになっていたのです。

ぐるっと取り囲まれて、お酌責めにあいました。その後、まるで品評会のように、ああだのこうだの言われたり、根掘り葉掘り聞かれたりしました。

やがて引き離された妻は、男性陣の輪の中で、どんどん酒を飲まされていました。

「あーら、奥さん盗られちゃってるわよ、いいのー?」

冷やかしてきたのは、口うるさいグループの一人でした。下手なことも言えず、あいまいにうなずきながら愛想笑いでごまかしていると、ほかのメンバーがぞくぞくと僕をからかいはじめたのです。

「きゃはは、あんなジイさんどもに盗られるわけないわよねえ、若旦那さん！」

「そりゃそうよ、こちとら現役だもんね。いやぁん、新婚さんにあてられちゃうわ」

「ちゃんと種つけしているのかい？　むっふふ、子どもが楽しみだねぇ」

お酒のせいかもしれませんが、どんどん話が下品になって、下ネタへと発展していきました。

顔が赤くなるのが自分でもわかり、お酌されるまま、黙って酒を煽っていました。するど、その中の一人が立ち上がって声をかけてきたのです。

「若旦那さん、ちょっと、こっちに来てくれない？」

助け舟を出されたような気がしてホッとしました。

呼んでくれたのは、グループの中では比較的若めの色っぽいオバサンでした。若いと言っても、今年還暦を迎えた僕の母と同じくらいです。

ほかのオバサンたちが口々に文句を言いました。

「ちょっと和代《かずよ》ちゃん。少し若いからってひとり占めするつもりかい？」

和代さんはたじろぐ様子も見せず、不敵な笑みを浮かべて言い返していました。

「違うわよ！　うちの娘婿に土産物を買うから、つきあってもらうのよ」

和代さんは、口うるさいオバサンたちのなかでもリーダー格のようでした。

ああ、この人についていけば大丈夫だ、そんな安心感が込み上げてきました。

売店に行く途中、和代さんは「えらいわよ、よく参加したわね」と労《いたわ》ってくれました。ホッとして気を許した僕の表情を読みとったかのように、和代さんが自分の境遇を話しはじめました。

四十代のときに旦那さんを亡くして、長いこと一人で暮らしていたことや、最近になって、それを心配した娘夫婦と同居を始めたことなどです。

「若いっていいわよね。でもさ、ひとり身のこっちの身にもなって欲しいわよね」

え？　と受けこたえて振り向いたとき、通りかかった人けのない部屋の前で、和代さんが立ち止まりました。

「ちょっと待って。ここに入ってみない？」

意味がわからず手招きされるまま、和代さんのあとを追いました。なにしろその場においては、唯一頼れる彼女についていくしかなかったのです。

部屋の中には、寝具や座布団などのストックがうず高く積まれていました。彼女はそこに布団部屋があることを知っていたかのようでした。

「ここで何を……？」

言いかけた僕に、「しっ！」と合図した彼女は、突然抱きついてきたのです。あらがう間もなく、強引にディープキスをされていました。

舌をねじ込んできたかと思うと、じゅるじゅる音を立てながら唇に吸いついてきました。

虎口を逃れて竜穴に入るとは、まさにこのことです。

驚きのあまり足元がふらついてしまい、布団の谷間に崩れ落ちていました。寝転んだ僕の上に、彼女はじっとり汗ばんだ体を重ねてきたのです。

積み重なった布団に挟まれ、身動きできぬままその体を受け止めていました。

「ま、待ってください。急に、どうしたんです⁉」

ようやく唇を離した彼女に問いかけると、僕の胸をなでさすりながら、ささやき声で答えました。

「娘夫婦の夜の生活が本当に激しくてね。婿の言葉責めとか、娘の喘ぎ声とか私の部屋まで筒抜けなの。婿を男として意識するようになって。おかしくなりそうなのよ」

娘夫婦に触発されて、毎晩のように悶々《もんもん》としていたらしく、娘婿と同じ年かっこうの僕を見て我慢できなくなったと言うのです。

「お願い、今夜だけつきあって。いっぱい気持ちよくしてあげるから。ね？」

灯りは扉付近の足元灯だけでしたが、しだいに目が慣れてくると、和代さんのはだけた胸元の白さが浮き上がって見えました。

「こんなところで……人が来たらどうするんですか？」

僕には壊したくない家庭があるのですから、あたりまえの心配でした。

「大丈夫！　この部屋には昼間しか人が来ないって、番頭さんが言ってたわ」

妙に自信ありげでした。

この人に取り入ってしまえば、町内会でうまくやって行けるかもなどという考えが頭をよぎりました。

迷っているうちに、体じゅうをなで回されていました。

「ああ、若い男の体って、やっぱりいいわねえ。案外、がっちりしているのね」

和代さんはそう言いながら、僕の浴衣を脱がせ、ぶにゅぶにゅと乳房を押しつけてきました。

体をこすりつけているうちに、和代さんの浴衣もはだけていきました。

浴衣の下はノーブラでした。はみ出した乳房がじかに素肌にふれてきたとき、思いがけずアソコが硬くなりはじめてしまったのです。

和代さんは、すぐに勃起に気づいた様子で、「あら！」と笑いながら、盛り上がった恥骨をこすりつけてきました。

「どんどん硬くなってきたわ。おっぱいさわって、ねえ、さわってよ」

ぶらぶらと目の前に突き出された乳房に手を伸ばすと、どれほど男にもみほぐされてきたのだろうと思うほどの柔らかさでした。

ひょっとしたら、この場所でするのは初めてではないのかも、と思えてきました。人が来ないと教えてくれた番頭さんやら、町内会のジイさんやらを、すでにあさりまくったんじゃないか……未亡人になって二十年もの間、その欲深そうな体がおとなしくしていたとは、とうてい思えませんでした。

「この布団部屋に、何人くらい男を誘い込んだんですか？」

意地悪くささやきながら、その光景を想像して、乳房をもむ指先に力が込もりました。

「いやぁん、そんなこと聞かないで、ナイショよ。アァ、いやらしい手つき……」

夢中で、かなり強くもんでいたと思いますが、指を食い込ませるほどに和代さんの息づかいは激しくなってきました。

反応があまりにもよいため、責めることが、だんだんと愉しくなってきました。

欲求不満のはけ口として、妻の陰口を言っていたなら、とんでもないとばっちりです。そのおかげで、円満だった我が家の夫婦生活が減ってきたのだから、代償として僕の鬱憤も晴らさせてもらおうじゃないかと、そんな気分になってきたのです。

わしづかみにもみながら､膨らんだ乳首に吸いつくと､体をくねらせてよがりました。

「そこ、弱いのぉ！　あっ、あん！　気持ちいいわぁ！」

眉間に深いしわを刻み、唇を半開きにしたまま喉をそらせました。

その顔を眺めながら、背中に回した手をゆっくりと下に這わせていきました。

尻に手を伸ばすと、和代さんはうれしそうに腰を振りはじめました。大きな肉尻は、手の中で弾むように揺れました。

腰を浮かせて股間を押し当ててやると、和代さんはさらに口を大きく開いて喘ぎました。その唇に、硬いものをねじ込んでみたくなりました。

「もう、ギンギンですよ。どうしてくれるんですか？」

そう言うと、ペロッと舌舐めずりをして笑みを浮かべ、「お口にちょうだい」と催促してきました。

「じゃあ、こっちにお尻を向けて。僕にもスケベなところを見せてください」

和代さんは、ハァハァ言いながら、体の向きを変えました。

「あはっ、シックスナインなんて何年ぶりかしらぁ！　しかもこんな若い男と」

うれしくてたまらないというふうに声をあげながら、周囲に積まれた布団を踏みつけ、僕の顔を跨ったのです。

浴衣のすそをめくると、白い巨尻が顔面に迫ってきました。

汗ばんで食い込んでいるパンティを脱がせると、真っ赤な亀裂の中心から、ヌルヌルとした汁が溢れていました。思いのほかキレイな色で、そこだけ見れば若い女と大した違いはありません。

布団の山と巨尻に埋もれながら、その亀裂に舌をねじ込みました。すると同時に、自分のものも、和代さんの口の中に呑み込まれていました。

カリ首に、唇と舌が吸盤のように吸いついてきて、上下に激しくこすられました。

「ううっ、和代さんのフェラ気持ちがいい……もっと深く、根元まで呑み込んで」

そんなこと、妻には申し訳なくて言えないけれど、相手がむさぼるように食いついてくるので、思わず本音が出てしまいました。

和代さんは、その催促にこたえるように、喉を詰まらせながらさらに深く呑み込んでくれました。

奥まで突っ込めば突っ込むほど、和代さんは巨尻を振って、喘いでいました。

「あっはぁん！　口の中いっぱい……すごいわ。婿のアソコより大きいかも」

彼女が声をあげるたび、頬の両側から太ももで締めつけられ、亀裂からにじみ出てくるスケベな汁を顔面に塗りたくられました。

その凄まじい濡れ方に、ちょっと驚いていました。六十代の女なんて乾ききっていると思い込んでいたからです。消えゆくロウソクの、最後の炎を思わせました。

「いつも、お婿さんのアソコを想像して、こんなふうに濡らしているんですか？」

舐めとっても舐めとっても、汁が溢れてきます。

「いやん！　言わないで、恥ずかしいわ。だって、エッチな声を聞かせるんだもの」

舌の先に当たっていたクリトリスも、どんどん膨らんできました。そこを指でこねていると、体じゅうを震わせはじめました。

「ハフ、ハフ～ッ、だっめぇ……！　い、いぐーっ、あ……あぁ、ヌハァ！」

和代さんは、陰部を僕の顔面にこすりつけながら昇りつめていました。

巨尻に圧迫されて息苦しいのに、勃起の勢いはますます激しくなりました。百戦錬《ひゃくせんれん》磨《ま》の熟女を挿入前にイカせたことで、自信を持たせてもらったのです。

「もうイッちゃったんですか？　じゃあ、部屋に戻りますか？」

和代さんは、イヤイヤと首を振ってしがみついてきました。

「イジワル言わないで。だって、だって……まだ」

　こちらに向き直った和代さんは、すがるような目で僕を見つめながら股間に跨って
きました。

　起き上がった体をあらためてじっくり見ると、垂れた乳房の下には締りのない三段
腹が、ぽってりと突き出していました。

　だらしのない体つきは、僕を安心させ、優越感を抱かせました。

　それほど女性にもてた経験はなかっただけに、若いというだけでありがたがられる
心地よさを味わっていたのです。

「まだ、足りないんですか？　どうしてほしいのか言ってください」

　和代さんは、しわの浮いた頬を火照らせながら、陰部をすり合わせてきました。

「入れて。ぐちゃぐちゃかき混ぜて！　中にいっぱい出していいから。お願いぃ！」

　妻とのセックスは、計画性を持たなければならず、いまのところコンドームは必須
です。気楽に生で中出しできるなんて、僕にとってはぜいたくの極みです。

「入れてあげましょう。そのかわり、僕がイクまで腰を振りつづけてくださいね」

　お願いされて入れるのだから、少々偉そうに言っても許されるような気がしました。

　本当は早く入れたくてうずうずしていたのです。老いた女の性器の感触に、好奇心が

わき上がっていました。

「ムフフ、もちろんよ。何回だってイカせてあげるわ。ああっ、来て」

待ちきれないというように腰を沈めて、勃起の上に亀裂を押しつけてきました。

すぐに亀頭が、ぬめっとした感触に包まれていきました。べっとり濡れているせいで、苦もなく奥に突き刺さっていったのです。

もっとガバガバだと思っていたのに、中は意外にも狭く、ぎゅっと締めつけられました。顔面を圧迫した肉布団は、穴の奥にも蓄えられているようで、挿入したものを圧し潰してきたのです。

正直、妻のものより数段気持ちがよく、あわやイってしまいしまいそうになったほどです。

口ほどにもないと思われるのも悔しいので、必死でこらえていました。

「あっはぁん！　いいわ、いいわ、硬くて、おっきくて、たまらないわっ！」

和代さんのひたいには、玉のような汗が浮かんでいました。流れる汗をぬぐおうともせず、みっともないほど顔をゆがめてよがるのです。そんなに喜んでもらえたら、やはり男冥利に尽きるというものです。

下から腰を動かして、さらに深くねじ込みました。

「いやぁん、そんなにグリグリされたら、またイッちゃう～っ、ひぃ～っ！」

垂れた乳房をユサユサ揺らしながら、乱れた髪をかきむしり、目尻に涙まで浮かべていました。

その顔を見ていたら、もっとメチャクチャにかき混ぜてやりたくなったのです。

起き上がり、和代さんの体を乱暴に布団の上にねじ伏せていました。

「まるで獣ですね！　ほら、もっと突っ込んであげるから、お尻を出して」

四つん這いになった和代さんの尻の肉をつかみながら、亀頭をズブッと埋め込んでいきました。

「ひゃっ！　すごい、オマ○コが壊れちゃう～、来て、もっと来て、グハッ！」

ちょっとやそっとじゃ壊れそうもない分厚いヒダが、性器を呑み込むように絡みついてきました。その圧力に負けないように、さらに力を込めてグイグイとめり込ませました。

「ううっ、そろそろ出ますよ！　中にぶちまけますよ！」

込み上げてきた熱い塊を、穴の奥に思いきり噴射しました。

もっと欲しいとせがまれましたが、さすがに、妻を置き去りにしてそれ以上そこにとどまることはできませんでした。

本当は、そのまま布団の山と彼女の体に包まれて眠りたい気分でした。

温泉に入るという和代さんと部屋の前で別れて、宴会場に戻りました。

酔ったバアさんたちが、口々に「遅かったわね」と言いながら出迎えてくれました。

「あら、和代ちゃんは？」

「風呂に入って、先に休むそうですよ」

彼女を味方につけた僕は、何も恐れることはなくなって、平然とした顔でバアさんたちの相手をしていました。

妻も、すっかりジイさんたちを手なずけ、酒盛りの中心で女王様のように振舞っていました。

僕たち若夫婦の参加は、地域の活性化に少しは貢献したようです。

いままでも、和代さんとはときどきホテルで密会しています。和代さんには、思いきり愉しむだけのセックスを教えられたし、男としての自信と満足感を与えてもらって、ありがたい気持ちです。

社員旅行で酔い潰れた憧れの熟女課長
普段は見せない淫乱恥体を責め抜き！

川瀬浩介　会社員・二十八歳

あれは、三年前の社員旅行でのことです。

私は入社三年目で、ひそかに上司の女性課長にあこがれを抱いていました。

彼女は四十代の独身でルックスもスタイルも抜群なのに、仕事はどんな男性社員もかなわないほどバリバリとこなし、まさにテレビドラマに出てきそうなキャリアウーマンなんです。

ですが、その社員旅行では、直前の大きい仕事がうまくいかなかったこともあってか、課長が珍しくお酒に飲まれて悪酔いしてしまったんです。

宴会場でひとしきり大騒ぎしたと思うと、課長はそのまま座敷に横になって眠ってしまいました。

直属の部下でいちばん下っ端の私が、介抱を仰《おお》せつかりました。

「課長、こんなところで寝ないで部屋に行きましょう」

浴衣姿の課長を抱え起こして、私はなんとか部屋まで歩かせました。

そして部屋の中に敷いてあった布団に寝かせて、すぐに部屋から出ようと思ったのですが、課長の寝顔が色っぽくて、もう少し見ていたいと思ってしまったんです。

布団の横に座り込み、うちわで扇ぎながら、私はじっと課長の寝顔を見つめました。

少し苦しそうに顔をしかめている課長の顔は、なんだかセックスの最中に快感をこらえているように見えて、すごくエロティックなんです。

そして、色っぽい寝顔にムラムラしていると、課長が不意に目を開けて、私のほうに無言で手を伸ばしました。

ひょっとして手を握って欲しいのかなと思ってドギマギしていると、課長はテーブルのほうを顎で示すようにしながら言うんです。

「そのお水を取ってちょうだい……」

そこには課長のペットボトルが置いてありました。

勘違いしたことで顔が熱くなってしまい、そのことに気づかれないように、私はすばやくペットボトルをつかんで課長に手渡しました。

「ありがとう。もう大丈夫よ。あなたは戻って宴会の続きを楽しんで」

「そうですか……わかりました。では、僕はこれで」

本当はもっと課長のそばにいたかったのですが、そんなことが言えるわけもなく、私は宴会場に戻り、また酒を飲みはじめました。だけど、頭の中は課長のことでいっぱいで、ずっと心ここにあらずという感じだったんです。

そして翌日、社員旅行二日目の夜のことです。

前夜と同じように大宴会で盛り上がっていたのですが、私は課長のことが気になって仕方ありませんでした。どうしても昨夜の寝顔が頭から離れないんです。

それで遠くの席からチラチラ見ていたら、課長の様子がだんだんおかしくなってきたんです。

それまでは楽しそうに近くの席の人たちと話をしていたのに、座椅子の背もたれに体をあずけて、じっと目を閉じていたと思うと、立ち上がろうとしてテーブルの上のビール瓶を倒してしまいました。

周りの人たちがあわててこぼれたビールを拭き、課長になにか声をかけています。その様子を遠くから見ていたら、先輩社員が私を手招きするんです。

飛んでいきたい気持ちをぐっと抑えて、「なにか用ですか？」とのっそりとそこまで行くと、私の期待どおりの言葉がかけられました。

「また課長が酔いつぶれちゃったんだよ。もう歳なんじゃないのかな。悪いけど、ちょっと部屋まで連れてってあげてくれないか」

「まあ、いいですけど……」

心の中で小躍りしながらも、私は面倒くさそうにこたえたのでした。

「さあ、課長、部屋に行きましょう」

私は課長に肩を貸して、部屋まで連れていってあげました。そのとき、課長の胸が私の体にむにゅむにゅと押しつけられ、なんとも言えない幸せな気分なんです。

そして、すでに敷かれてあった布団に課長を寝かせてあげました。

「大丈夫ですか、課長？　二日連続で酔いつぶれるなんて。いつまでも、若いころの調子で飲んでたらダメですよ」

目を閉じて苦しそうにしている課長を見おろしながら、私はそんなことを言ってしまいました。すると、課長がパチッと目を開けて言うんです。

「私、そんなに歳じゃないわよ。まだギリギリ、アラフォーなんだから」

「すみません！　僕、そんなつもりじゃなくて……」

「まあ、そんなことはいいの。それより……」

そう言って、課長は私に向かって手を伸ばすんです。また水が欲しいのかと思ってペットボトルを目で探していると、課長は私の手をつかみました。

「え？」

驚いて課長を見ると、少し恥ずかしそうに顔をしかめてみせるんです。

「昨日は介抱してくれてありがとう。お礼がしたくて、今日も酔いつぶれたふりをしてみたの。今夜もきっとあなたが介抱してくれると思って……」

「お礼なんかいりませんよ」

「そんなことを言わないで、受け取ってちょうだい」

課長は私の手を引っぱりました。そんなに強い力ではありませんでしたが、私はそのまま課長の上に倒れ込んでしまったんです。

それはもちろん、その先のことを期待していたからです。そして、期待どおりのことが起こりました。課長の唇と私の唇が重なり合ったんです。

私はうっとりと目を閉じて、課長の唇の感触を味わいました。でも、不意に我に返って勢いよく体を離したんです。

「……課長、からかうのはやめてくださいよ」

「からかってなんかいないわ。私を好きにしていいのよ」

布団に横たわったまま課長は言いました。頬が桜色に火照っているのは、お酒のせいだけではなさそうでした。

「で……でも……」

どうしたらいいのかと私が困っていると、課長の顔が悲しげに曇りました。

「私ね、前から川瀬《かわせ》君のことが気になってたの。やっぱり、こんな年上の女はイヤ？」

「そ、そ、そんなことありません！　大歓迎です。いいえ、こちらからお願いしたいぐらいです！」

「うふっ。うれしいわ。じゃあ、なんでもお願いして。川瀬君のしたいことをさせてあげるから」

「本当ですか？」

私は少し迷いました。変態だと思われるんじゃないかと躊躇しましたが、課長がこんなふうに言ってくれているので、思いきって言ってみることにしました。

「じゃあ、匂いをかがせてもらっていいですか？」

「えっ、匂い？」

「課長、仕事中もすごくいい匂いがするから、いつも思いきりかぎたいって思ってたんです」

「やだ、恥ずかしい……でも、いいわよ。どうぞ、好きなだけかいでちょうだい」

課長は横になったまま両腕を体の横に置き、布団の上で気をつけの姿勢をとりました。

「失礼します！」

私はおおい被さるようにして、浴衣の上から課長の匂いをかぎまくりました。

シトラス系の香水の混じった仕事のときとは、温泉に入ったあとのそのときの香りは違いましたが、課長本来の甘い匂いがよりはっきりと感じられて、私は夢中で鼻を鳴らしました。

最初は首筋から胸元にかけての匂いをかいだのですが、どんどん興奮してきて、自分を抑えられなくなってしまいました。

それで、いやがられるかもしれないと思いながらも、腋のあたりや、浴衣におおわれた股間にまで鼻を埋めて、匂いをかぎはじめたんです。

「ああーん、そんなところまで……あああ……ダメよ、恥ずかしいわ」

そう言いながらも、課長は気をつけの姿勢を取りつづけています。これは、もっとすごいことをしても大丈夫に違いないと私は思いました。

「直接、匂いをかがせてください」

まずは胸もとをはだけさせて、鎖骨のあたりから胸の膨らみの匂いをかぎ、腋の下に鼻を押しつけて匂いをかぎ、さらには完全に浴衣を脱がして、股間の匂いをかぎました。

「あぁ……もっとかいでぇ……」

課長は普段のキャリアウーマン然とした姿とは別人のように、悩ましい声を出しながら全身をクネクネさせていました。

「下着も脱がしちゃいますよ。いいですよね？」

私は課長の返事を待たずにブラジャーをはずし、パンティを引っぱりおろしました。課長は抵抗するどころか、背中やお尻を浮かせて脱がすのに協力してくれるんです。だけど、全裸になると急に我に返ったように手で胸を隠し、内腿をきつく閉じて、少しでも裸を隠そうとするのでした。

「やっぱり恥ずかしいわ。こんな明るいところでなんて。お願い、明かりを消して」

「ダメですよ。昨夜、僕が介抱してあげたお礼をしてくれるんでしょ？　だったら、課長の裸を見せてくださいよ」

「でも……二十代ならともかく、アラフォー女のくたびれた裸なんて、見てもしょうがないわ」

「そんなことないです！　僕は課長の裸が見たいんです！　僕はいつも仕事中に、課長の裸を想像しながら興奮していたんです。だから、お願いしますよ。よく見せてください！」

私が必死に頼むと、課長は聞き分けのない子どもにあきれたように「しょうがないわね」と言い、両手をどけて、堅く閉じていた内腿も少し開いてくれました。

「ああ……すごくいやらしいです」

横たわった課長の全裸を見おろしながら、私はため息を洩らしてしまいました。それは、本当に「いやらしい」という言葉がしっくりくる裸なんです。

若い女の張りがある裸とは違い、全体的に少したるんだその体は、本当に生々しくて、私の股間は痛いほどに勃起してしまうのでした。

あおむけになっているために豊満な乳房がやわらかくつぶれ、股間には黒々とした陰毛が茂っています。股の間に目をこらすと、小陰唇は茶褐色で、それがまた生々しくてエロいんです。

ジロジロ見ていると、課長が冷やかすように言いました。

「あら、川瀬君、どうしてそんな腰を引いた変な格好をしてるの？」

百戦錬磨の熟女なので、私の体に起こっている変化などお見通しなのです。

「それは……課長の裸がいやらしすぎるから、僕、興奮しちゃって……」

「へえ。興奮しちゃってどうなってるの？　もうビンビンになっちゃった？　ねえ、どれぐらい興奮してるのか、見せてちょうだいよ」

課長は布団に上に体を起こして、私のほうに手を伸ばしてきました。そして、浴衣の帯をほどきはじめるんです。

「わかりました。見てください。僕が課長の裸を見てどれぐらい興奮しているのか」

私はその場に立ち上がり、浴衣をはらりと落とし、はいていたボクサーブリーフも脱ぎ捨てました。

「はあぁ……すごく大きいわ。これ、私の裸を見てこんなになってるの？」

「そうですよ。課長の裸がいやらしいから、僕のペニスがこんなに大きくなっちゃったんです」

「私のせいなら、いっぱい気持ちよくしてあげないといけないわよね」

そう言うと課長は、おもむろに私の勃起したペニスを右手でつかみました。

「ううっ……課長……気持ちいいです」

課長の手はひんやりと冷たくて、熱くなっているペニスにはすごく気持ちいいんです。私は思わず体をくねらせてしまうのでした。

「まだつかんだだけよ。これからもっと気持ちよくしてあげるから、覚悟しなさい」

淫靡な笑みを浮かべると、課長はペニスをつかんだ手を上下に動かしはじめました。

「ああ、気持ちいい……気持ちいいです、課長……うう……」

「あら、先っぽからなにか出てきたわ」

それはカウパー腺液、要するに我慢汁です。興奮と快感のあまり、私の体が激しく反応してしまっていたんです。

課長はペニスの先端を自分のほうに引き倒すと、舌を長く伸ばして、カウパー腺液をペロリと舐めました。

「ううう！　課長！」

舌が亀頭をすべり抜けた快感と、あの課長が自分のペニスを舐めてくれたという精神的な喜びで、私は全身に鳥肌が立つぐらい感動しました。

だけど、そんなのはまだ始まりにすぎなかったんです。

アイスキャンディーでも食べるように、ペロリペロリと亀頭を舐め回すと、課長は口を大きく開けて、パクッとペニスを咥えたんです。そして、口の中の粘膜でねっとりと締めつけるようにしながら、首を前後に動かしはじめるのでした。

「ああ、すごい……ううう……課長……そ……それ、すごく気持ちいいです」

私は仁王立ちした状態で、両拳をきつく握りしめ、課長がしゃぶりやすいようにと股間を突き出しつづけました。

そんな私の顔を上目づかいに見上げながら、課長はジュパジュパと唾液を鳴らしてペニスをしゃぶるんです。

その様子は、本当にペニスが好きで好きでたまらないという感じが滲み出ていて、見ているこっちもますます興奮してしまうんです。

しかも、テクニックがすごいんです。舌を亀頭に絡めるようにして舐めしゃぶりながら、右手で睾丸を優しくもむんです。そんなことをされたのは初めての経験でした。気持ちよすぎて足腰に力が入らなくなり、私は布団の上に座り込んでしまいました。

それでも課長は、ペニスを口から離しません。餌を食べる犬のように、前屈みになって、はふはふと息を洩らしながらペニスをしゃぶりつづけるんです。

いつものスーツ姿のクールな課長からは、想像もつかないいやらしさです。その影響で、私ももっといやらしいことをしたくなってしまうのでした。

「課長、お尻をこっちへ。僕の顔を跨いでください」

あおむけに横になった私は、課長のお尻を自分のほうに引き寄せました。

「うぐぐ……ぐぐぐ……」

一瞬たりともペニスを離したくないというふうにフェラチオを続けたまま、課長は私の顔を跨いでくれました。シックスナインの体勢の出来上がりです。

私の鼻先ほんの数センチのところに、課長のオマ○コがあるんです。それはもう愛液にまみれて、とろとろにとろけていました。

「奥まで見せてくださいね」

私は課長の肉丘に両手を添えて、親指に力を込めました。ぴちゅっという音とともに小陰唇が剝がれ、奥のほうまで丸見えになりました。

「ああん、いや。川瀬君の鼻息がアソコの奥にかかるわ。あああ、恥ずかしい……」

いったんペニスを口から出して悩ましい声で言うと、恥ずかしさをごまかすように、再び課長は激しいフェラチオを始めました。

ずっとあこがれていた、課長のオマ○コを見ながらフェラチオをしてもらう。その幸福すぎる状況に対するお礼をしなくてはなりません。だから私は、課長のオマ○コを舐め回し、その舌愛撫を徐々にクリトリスへと集中させていきました。

「あっ、ダメッ、はあっ……ダメダメダメ……ああっ……」

私の舌先が硬く勃起したクリトリスをヌルンヌルンと舐め転がすたびに、課長はもうフェラチオを続ける余裕もなく、ヒクヒクとお尻を震わせつづけました。

「も……もうダメ……。あああっ……クリは……クリは感じちゃうの。あああん」

「いいじゃないですか。いっぱい気持ちよくなってくださいよ。ほら、これでどうですか？」

私はクリトリスを口に含み、乳飲み子のように吸い、舌先でくすぐるように舐め回し、そして前歯で軽く嚙んであげました。

「あ、ダメダメダメ……もうイク……あああん、イッちゃう！　はあああん！」

そう絶叫した瞬間、課長は体をビクンと激しく震わせ、私の上からずり落ちてしまいました。

体を起こして見おろすと、課長は胎児のように体を丸めて、苦しげな呼吸を繰り返していました。

「イッたんですね？　課長は僕のクンニでイッちゃったんですね？」

「そうよ、イッちゃったの。昨夜、介抱してもらったお礼のはずだったのに、逆にこんなに気持ちよくしてもらっちゃって……」

「そんなのいいんですよ。でも、今度は僕をイカせてください。課長のオマ〇コで」

「いいわよ。さあ、来て……」

課長は私に向かって大きく股を開きました。小陰唇も、花が咲くようにひとりでに左右に開き、その奥にある膣口がヒクヒクうごめきながら私を誘うんです。

もうじらすことなどできずに、私は亀頭を課長のぬかるみに押しつけました。すると、パンパンにふくらんでいた亀頭が、簡単にすべり込んでしまいました。

「あああっ、入ってくるぅ」

課長はオッパイをゆさりと揺らしながら、体をのけぞらせました。そうすることによって膣道が狭まるんです。

「おおっ……課長……気持ちいい……気持ちいいです。ううう……」

しっかりと根元まで挿入すると、私はいきなり激しくペニスを抜き差ししはじめました。もうテクニックとか、そんなことを気にしている余裕はなく、本能のままに行動してしまうんです。それはやはり、課長の年上の女としての包容力が、私を全部許してくれそうな気がしたからです。

「ああ、いい。そうよ、川瀬君、自分のやりたいようにやって、いっぱい気持ちよくなって。あああああん。そうすることで私も気持ちよくなれるんだから。あああん……」

「課長……すごいです。あああ、こんなに気持ちいいのは初めてです。うう……」

私はパンパンパンと手拍子のような音がするほど、激しく腰を振りつづけました。

「あああん、いい……あああああん……またイッちゃう！　はっあああん！」

課長がイクと、膣壁がきゅーっと収縮するんです。その狭くなったところにペニスを抜き差ししていると、私はすぐに限界に達してしまいました。

「あ、ダメだ。ぼ、僕も、もう……あああ、もう出る……」

「いいわ、来て。生理不順でピルを飲んでるから、中に……中にちょうだい！」

「あああ、課長……で、出る！　ううう！」

力いっぱいペニスを突き刺して、私は腰の動きを止めました。次の瞬間、管の中を熱いものが駆け抜けていき、課長の中に迸《ほとばし》り出たのでした。

「ああ、すごかったわ。またしましょうね……」

まるで小さな子どもを褒めるように、課長は私の頭を撫でてくれました。それは、本当に最高の体験でした。

私は、それほど女性経験が多いほうではなかったのですが、何人かの同世代の女性とセックスしたことがありました。でも、課長ほどエッチな女性は一人もいませんでした。

もちろん、それ以来、課長と私はグチョグチョの関係に溺れています。もう若い女なんて、苦労して抱きたいとも思いません。

◉読者投稿手記募集中！

素人投稿編集部では、読者の皆様、特に**女性の方々からの**手記を常時募集しております。真実の体験に基づいたものであれば長短は問いませんが、最近のSEX事情を反映した内容のものなら特に大歓迎、あなたのナマナマしい体験をどしどし送って下さい。

●採用分に関しましては、当社規定の謝礼を差し上げます（但し、採否にかかわらず原稿の返却はいたしませんので、控え等をお取り下さい）。

●原稿には、必ず御連絡先・年齢・職業（具体的に）をお書き添え下さい。

〈送付先〉
〒101-8405
東京都千代田区神田三崎町2－18－11
マドンナ社
「素人投稿」編集部　宛

◉新人作品**大募集**◉

マドンナメイト編集部では、意欲あふれる新人作品を常時募集しております。採用された作品は、本人通知のうえ当文庫より出版されることになります。

【応募要項】未発表作品に限る。四〇〇字詰原稿用紙換算で三〇〇枚以上四〇〇枚以内。必ず梗概をお書き添えのうえ、名前・住所・電話番号を明記してお送り下さい。なお、採否にかかわらず原稿は返却いたしません。また、電話でのお問い合せはご遠慮下さい。

【送付先】〒一〇一‐八四〇五 東京都千代田区神田三崎町二‐一八‐一一 マドンナ社編集部 新人作品募集係

素人告白スペシャル《しろうとこくはくすぺしゃる》 旅先での熟女体験《たびさきでのじゅくじょたいけん》

二〇二一年十一月十日 初版発行

編者◉素人投稿編集部【しろうととうこうへんしゅうぶ】

発行◉マドンナ社
発売◉二見書房
東京都千代田区神田三崎町二‐一八‐一一
電話 〇三‐三五一五‐二三一一（代表）
郵便振替 〇〇一七〇‐四‐二六三九

印刷◉株式会社堀内印刷所 製本◉株式会社村上製本所 落丁・乱丁本はお取替えいたします。定価は、カバーに表示してあります。

ISBN978-4-576-21163-3 ◉Printed in Japan ◉©マドンナ社

Madonna Mate